Crash-Kurs Liebe

freundin

RATGEBER

Crash-Kurs Liebe

Ingeborg Weber

FALKEN

In Kooperation mit freundin sind außerdem unter anderem erschienen:
So finde ich den richtigen Beruf (Bd. 1175)
Mut zum Glück (Bd. 1176)
Farbberatung (Bd. 4520)
Snacks (Bd. 4521)
Originelle Geschenke selbstgemacht (Bd. 4547)
Die richtige Bewerbung (Bd. 1210)

ISBN 3 8068 1225 X

Herausgeber: Eberhard Henschel, Chefredakteur freundin
Redaktion: Edda Küffner
Zeichnungen (Umschlag und Innenteil): Bengt Fosshag, Frankfurt
Titelbild und Gestaltung: Rudi Gill, München,
unter Mitarbeit von Brigitte Schön
Fachliche Beratung: Diplompsychologin Brigitte Lämmle,
Partnerschaftstherapeutin in München

Satz: Andreas Schmitt Dokumentation GmbH, Waldems
Druck: Wiesbadener Graphische Betriebe GmbH, Wiesbaden

817 2635 4453 62

INHALT

VORWORT

Liebe Leserin, lieber Leser,

wir kennen uns (noch) nicht, aber ich wage die Behauptung: Sie sind glücklich verliebt. Nein? Schade. Dann liegen Sie also mit Ihrem Partner im Streit. Oder Sie langweilen sich in Ihrer Beziehung. Oder Sie sind zur Zeit solo und (vielleicht) auf der Suche nach einer neuen Liebe. Wieso ich mir da so sicher bin? Weil wir alle es zeit unseres Lebens auf diese oder jene Weise mit der Liebe zu tun haben. Nichts fesselt uns mehr. Über kein Thema wird mehr geredet, wird mehr geschrieben. Um so erstaunlicher ist es, daß wir trotzdem noch immer nicht allzuviel über die Liebe wissen – und heute noch häufig denselben Irrtümern unterliegen und die gleichen Fehler machen wie die Liebenden anno dazumal.
Wem ist schon bewußt, daß zwar keine Liebesgeschichte wie die andere ist, daß aber doch jede Liebesbeziehung nach immer demselben Grundmuster abläuft. Und daß die Gründe, derentwegen eine Liebe glückt oder scheitert, letztlich überall dieselben sind.
Dieses Buch, das unter der fachlichen Beratung der Münchner Diplompsychologin und Partnerschaftstherapeutin Brigitte Lämmle entstand, beschreibt die Grundmuster der Liebe und nennt die hartnäckigsten Irrtümer, die Liebenden zu Fallen werden. Es gibt Hinweise, wie man diese Fallen umgehen kann und wie man – wenn man bereits hineingeraten ist – am schnellsten wieder herauskommt.
Jede Liebesbeziehung gliedert sich in drei Phasen. Brigitte Lämmle und ich nennen sie die *Faszinationsphase*, die *Umerziehungsphase* und die *Akzeptanzphase*.
Die *Faszinationsphase* ist die Zeit des Sichbegegnens, des Sichverliebens, des rauschhaften, uneingeschränkten Glücklichseins. Es ist die Phase höchster Sensibilität für den Partner, für das Leben schlechthin; eine Zeit der Hellsichtigkeit – und gleichzeitig

der Irrationalität. Denn aus den nur drei oder vier Informationen, die wir über das Wesen unseres neuen, uns noch weitgehend unbekannten Partners haben, machen wir uns bedenkenlos ein ganzes Bild, schaffen wir uns unseren Traumpartner, der herrlich ist – und nur einen einzigen, allerdings entscheidenden Fehler hat: Er ist in Wirklichkeit ganz anders. Nicht schlechter, nicht besser. Anders eben.

In der *Umerziehungsphase* gilt es, Abschied zu nehmen von Rausch und Traum und zu begreifen, daß sich hier – wie eh und je – zwei ganz normale Menschen begegnet sind. Menschen mit guten und weniger guten Eigenschaften. Menschen, die durchaus nicht bereit sind, stets die Meinung des Partners zu teilen, sondern ganz andere, eigene Konzepte haben. Je geringer die Bodenhaftung während der Faszinationsphase war, um so tiefer und schmerzhafter gerät der Sturz – den so manche Beziehung denn auch nicht überlebt. Die Beharrlicheren unter den Liebenden gehen nun daran, den Traum wenigstens teilweise zu retten – und den Partner nach ihrem Bild umzuerziehen. Das kann versteckt, aber auch in offener Konfrontation geschehen. So kommt man sich (im besten Fall) näher, schließt Kompromisse und trifft Verabredungen, mit denen beide Partner leben können.

Dies nun führt direkt in die *Akzeptanzphase:* Zwei Menschen beschließen, ein Stück Weges gemeinsam zu gehen – vielleicht sogar das ganze Leben. Dieser Weg wird um so schöner, abwechslungsreicher und sicherer sein, je besser es dem Paar gelingt, Balance zu halten zwischen Nähe und Distanz, zwischen Zusammensein und Eigenleben, zwischen Innigkeit und dem Bewahren einer kleinen geheimnisvollen Fremdheit.

Aber: In jeder dieser drei Phasen sind ganz spezifische Fallen aufgestellt. Nicht von irgendwelchen Dritten, sondern von uns selbst. Das hat zuallererst damit zu tun, daß jeder von uns ganz bestimmte Vorstellungen mitbringt, wie die Beziehung, wie das Leben ablaufen sollte. Diese Vorstellungen kommen nicht von ungefähr, sind vielmehr das Resultat unserer Erfahrungen vom

ersten Tag unseres Lebens an. Die Schlüsse, die wir aus diesen Erfahrungen gezogen haben – ziehen mußten – und die unsere Lebensvorstellungen geprägt haben, scheinen uns richtig. Einzig richtig. Und die notgedrungen andere, weil aus anderen Erfahrungen sich speisende Sichtweise unseres Partners wird damit gleichsam zur Provokation, die manchmal nur schwer zu verkraften ist.
Kein Paar ist gegen diese Fallen gefeit; je klarer man die Gefahr erkennt, um so wirksamer kann man sich vor ihr schützen. So heißt es also, die Augen offenzuhalten und in der Aufmerksamkeit für die Liebe nicht nachzulassen. Ist doch die Liebe niemals eine Frage des Habens, sondern stets eine des Seins. Liebe besitzt man nicht, Liebe kann man nicht festhalten. Liebe entsteht nur da, wo geliebt wird, in Taten und in Gedanken.

Ingeborg Weber

1 Die Faszinations Phase

Wir sind ja so verliebt!

»Von einem Augenblick auf den anderen ist der Himmel so blau, das Gras so grün, die Luft so seidenweich wie nie zuvor.«

Damit wir uns nicht falsch verstehen – noch nicht von Liebe ist hier die Rede, sondern davon, daß ihrer beider Blicke sich begegnen: in der U-Bahn, in der Disco, in der Betriebskantine. Zwanzig Sekunden später wiederholt sich das Spiel. Ganz unwillkürlich gesellt sich ein Lächeln dazu, ein kleines Erstaunen, ein Erkennen fast, auch Herzklopfen plötzlich und der innige Wunsch, die Hand hinüberzureichen. Das geht natürlich nicht. Man kennt sich ja noch gar nicht. Aber zum Glück faßt sich einer von beiden ein Herz und sagt etwas. Was, das ist völlig egal. Das törichste Wort ist so gut wie das klügste. In diesem Augenblick kommt es nur darauf an, *daß* etwas gesagt wird. „Ihre Telefonnummer? Ich darf doch anrufen?“–„Aber ja!“ Und schon verläßt sie/er das U-Bahnabteil, wird von der Clique fortgezogen, muß zurück an den Schreibtisch. Die/der Zurückbleibende hat einige Mühe, sich zu orientieren, taucht gleichsam auf aus einer anderen Welt – das Lächeln haftet noch.

„He du“, rempelt der Arbeitskollege, „ist was?“ – „Nein, nichts.“

Aber es ist doch etwas. Etwas Herrliches, etwas zum An-die-Decke-Springen vor Glück. Klar, auch etwas ganz Banales, Alltägliches – und doch immer von neuem etwas Großartiges, Einzigartiges: Zwei haben sich ineinander verliebt.

Ganz spontan in diesem Fall. Und es hätte sich auch auf ganz andere Weise ereignen können. Vielleicht kennen sich die beiden schon seit Monaten oder Jahren, sind sich gelegentlich bei gemeinsamen Freunden, im Sportclub, im Theater begegnet, arbeiten womöglich Seite an Seite am selben Labortisch, sitzen sich im Büro gegenüber, liefern sich Wortgefechte in Konferenzen. Und eines schönen Tages passiert es: Von einem Augenblick auf den anderen sehen sie sich mit anderen Augen. Respekt, Sympathie, Kollegialität schlagen um in Herzflimmern, Übermut: Verliebtheit.

Will man der Statistik glauben, so verlieben sich in den Industrieländern rund 55 Prozent der zukünftigen Ehepaare am Arbeitsplatz, der Rest vor allem bei gemeinsamen Bekannten, bei Freizeitaktivitäten und in öffentlichen Verkehrsmitteln. Die Liebe auf den ersten Blick wird dabei auf rund zehn Prozent geschätzt. Daß sich zwei ineinander verlieben – genau diese Frau in diesen

Mann, genau dieser Mann in diese Frau und keiner von beiden in jemand anderen –, das ist viel weniger rätselhaft als gemeinhin angenommen. Die Ursachen für dieses Phänomen liegen, so die Psychologen, in unserer frühesten Kindheit, als wir die ersten Erfahrungen mit den Menschen machten, die uns damals umgaben. Der Säugling, den das Sonnenlicht auf dem roten Haar der Mutter entzückte, wird auch später, als Erwachsener, angenehm berührt sein, wenn rotes Haar vor ihm auflodert. Hat ihn dagegen eine bestimmte Stimmlage der Mutter oder des Vaters irritiert, so wird er später Menschen mit ähnlicher Stimme eher meiden. Auch das frühe Erleben von Gerüchen spielt eine Rolle. Etwas, das wir in den ersten Lebenswochen und -monaten als wohltuend empfunden haben, wird somit jetzt gleichsam zum Signal, den Kopf zu heben, genauer hinzuschauen – und, im besten Fall, Verliebtheit entstehen zu lassen.
Auch sich selber in dem anderen wiederzuerkennen kann Auslöser sein, sich zu verlieben. Experten sprechen sogar vom „Schock des Wiedererkennens". Dieser Schock kann bereits bei der ersten Begegnung zweier Menschen jenes rätselvolle Gefühl tiefer Vertrautheit entstehen lassen, das den einen für den anderen so anziehend macht. Beide haben das Empfinden, irgendwo schon einmal zusammengetroffen zu sein. Natürlich ist man sich noch fremd – und gerade in dieser Fremdheit liegt ja auch ein großer Reiz –, aber gleichzeitig „kennt man sich schon lange".
Ein Phänomen, das dann auftreten kann, wenn die Art und Weise zweier Menschen, dem Leben zu begegnen, sehr ähnlich ist. Sei es, daß sie sich eher skeptisch und

zurückhaltend geben, sei es, daß sie furchtlos und herausfordernd auftreten: Entscheidend ist die gleiche Melodie, in Dur oder Moll – mit all den möglichen Zwischentönen, versteht sich, aber doch mit demselben Grundakkord.
Natürlich gibt es auch das: daß nicht die „verwandte Seele“ der Magnet ist, der zwei Menschen so anziehend füreinander macht, sondern eher das Gegenteil: das Gefühl nämlich, daß da endlich jemand ist, der alles hat, was einem selber fehlt, daß er die perfekte Ergänzung ist, die „bessere Hälfte“.
Eine tiefergreifende, generelle Erklärung fürs Sichverlieben sehen die Psychologen in der Angst der Menschen, einsam zu sein. Sie beginnt mit dem Augenblick, da sich das Kleinkind des Getrenntseins von der Mutter bewußt wird – und endet erst, wenn zwei Liebende, miteinander verschmelzend, eine neue Einheit bilden.
Die Angst vor dem Alleinsein entsteht ohne unser Zutun, jenseits unseres Mutes, unserer Beherztheit, unserer Kraft. Sie ist nicht selten so tief in uns verborgen, daß wir sie lange Zeit gar nicht bemerken – um dann ganz unvermutet doch von ihr überfallen zu werden. Das kann bei einem nächtlichen Strandspaziergang unter südlichem Sternenhimmel passieren oder am Bett eines Toten, den wir geliebt haben. In das Entzücken über die Schönheit der Nacht, in die Trauer über den Verlust eines Menschen mischt sich das schmerzliche Bewußtsein des Alleinseins – und die Sehnsucht nach jemandem, der dieses Alleinsein, zumindest vorübergehend, aufheben könnte.
Die aus den Tiefen unseres Unterbewußtseins auftauchende angenehme Erinnerung an Erlebnisse in frühester

Kindheit, das Sichwiedererkennen im anderen oder das Glück der Ergänzung und schließlich die Aussicht darauf, das Alleinsein zu überwinden – wenn bei der Begegnung zweier Menschen diese drei Dinge zusammenkommen, dann gibt es kein Halten mehr. Und unversehens stellt sich jener Zustand ein, der seit Menschengedenken von den Dichtern besungen wird und der die Betroffenen auf rosa Wolken schweben läßt (um sie im nächsten Augenblick in schwärzeste Tiefen zu stürzen – doch davon wird später die Rede sein): Verliebtheit!

Oder anders ausgedrückt: Zwei Menschen befinden sich in der Faszinationsphase. Von einem Augenblick auf den anderen ist der Himmel so blau, das Gras so grün, die Luft so seidenweich wie nie zuvor. Überhaupt: Es geschehen wundersame Verwandlungen. Mausgraue Menschen entwickeln Leuchtkraft, Ungeduldige können stundenlang zuhören, Rechthaber zeigen Bereitschaft zu Kompromissen, Langweiler drehen unvermittelt auf. Liebesgedichte, bislang milde belächelt, werden gleichsam zur Tageslosung. Weil plötzlich alles stimmt, was drinsteht. Türen öffnen sich. Groß und verheißungsvoll erstreckt sich die Welt.

Daß Verliebten ungeahnte Kräfte zufließen, ist bekannt. Von jemand „gemeint“, in den Mittelpunkt gerückt zu werden, das tut so gut und wertet derart auf, daß die Angebeteten sich selbst kaum wiedererkennen. Auch wenn es bis vorgestern noch ganz anders aussah – jetzt glauben sie selber dran: daß sie ihr Leben dynamisch gestalten und fest im Griff haben; daß sie selbstverständlich das Examen bestehen werden; daß sie den ärgerlichen Streit mit der Kollegin generös beizulegen imstande sind.

Und – o Wunder der Verliebtheit! – sie schaffen es wirklich.
Die Wissenschaft, die bekanntlich von Wundern nichts hält, bietet folgende leidenschaftslose Erklärungen für die neugewonnenen Möglichkeiten an: Bei Verliebten steigt die Ausschüttung des Streßhormons Adrenalin, was einerseits den Blutdruck hebt und das Herz flattern läßt – und andererseits physische und psychische Kraft konzentriert. Verliebte sind gleichsam sprungbereit. Bei Verliebten steigt die Produktion der T-Zellen, die im Immunsystem mitverantwortlich sind für die Abwehr von Infektionskrankheiten, und das heißt: Die Gesundheit Verliebter ist stabiler. Bei Verliebten bildet das Gehirn mehr Endorphine aus, eine Gruppe von Eiweißstoffen, die unter anderem Schmerzen lindern und Gelassenheit provozieren.
Kein Wunder also, daß Verliebten mitunter Überraschendes gelingt. Das Zusammenspiel frischgewonnener psychischer und physischer Kraft macht sie belastbarer, phantasievoller und auch mutiger – etwa im Gespräch mit Vorgesetzten und Kollegen.
Kein Wunder auch, daß sie darauf brennen, sooft es nur geht zur Quelle ihrer ungeahnten Kraft zurückzukehren, daß jedes Zusammensein zum Höhepunkt und Fest des Tages wird: Die Schönste, Zärtlichste, Heiterste, Klügste trifft den Schönsten, Zärtlichsten, Heitersten, Klügsten. Zwei, die sich gegenseitig feiern. Zwei, die einander zum Nonplusultra hochstilisieren – Traumfrau, Traummann, Star im Kopf des jeweils anderen.
Nur, daß der andere das Drehbuch nicht kennt und gar nicht weiß, welche Rolle ihm zugedacht ist. Nur, daß die

Drehbuchschreiber beim Entwickeln der Rolle ihres Stars viel mehr auf Mutmaßung angewiesen waren, als daß ihnen ernstzunehmende Hinweise auf dessen darstellerische Möglichkeiten zur Verfügung gestanden hätten. Schließlich ist die Verliebtheit noch jung. Da kann man sich ja noch gar nicht kennen. Eine schlichte Tatsache, die Verliebte aber nicht weiter anficht. Ohne mit der Wimper zu zucken, ergänzen sie die ihnen mittlerweile zugänglichen drei, vier Merkmale ihres/ihrer neuen Liebsten zu einem Ganzen, formen aus Bruchstücken und viel Wunsch und Traum und einer gehörigen Portion Selbstsucht „ihren" Star. Den schönsten, zärtlichsten, heitersten, klügsten, wie gesagt, herrlich anzusehen, anbetungswürdig. Nur – mit der Realität hat er so gut wie nichts zu tun.

Doch zu diesem Zeitpunkt, dem Anfang ihrer Verliebtheit, wissen die beiden das noch nicht. Sie ahnen es – klug und hellsichtig wie sie (auch) sind – und hören nicht auf, einander zu beteuern, wie heftig sie darauf brennen, sich ganz kennenzulernen, alles voneinander zu erfahren. Doch die Intensität ihres gegenseitigen Befragens bleibt weit hinter der ihrer Beteuerungen zurück, als spürten sie schon, daß mit dem näheren Kennenlernen auch ein Teil der Verzauberung erlöschen wird.

Noch allerdings beharren sie auf ihrem Traum – und begehen alle Fehler, die jede und jeder andere in gleicher Lage auch begehen würde. Weshalb der Begriff „Fehler" wohl auch nicht ganz zutrifft. Vielleicht sollte man lieber von den ganz normalen Verhaltensweisen frisch Verliebter sprechen – auch wenn sie den gerade nicht Verliebten alles andere als „normal" vorkommen mögen.

1. FALLE

Wer liebt, lebt nur noch für den anderen

Spätestens mittags beginnt das Herzklopfen, die Vorfreude auf den Abend – mit ihm. Wenn sie für Sekunden die Augen schließt, über ihrem Schreibtisch, dem Zeichenbrett, den Reagenzgläsern, der Ladentheke, dann sieht sie ihn, wie er lachend dasteht, die Arme für sie ausgebreitet, und ihr Innerstes vibriert. Einen Augenblick hat sie Mühe, sich wieder auf ihre Tätigkeit zu konzentrieren, aber dann geht sie ihr leicht von der Hand. Schließlich gibt es den besten aller Gründe, auf die Minute pünktlich mit der Arbeit fertig zu werden: Ihn!

Zwischen Arbeitsplatz und Wohnung springt sie hier in den Brotladen, dort zum Gemüsehändler, ach ja, frische Blumen und Kerzen! Und hat er nicht auch etwas von grünem Pfeffer gesagt? Also grüner Pfeffer. Der fehlt im Regal? Also nach nebenan. Dort ist vorrätig, was sie braucht. Nun aber schnell, damit sie vor ihm zu Hause ist – um aufzuräumen, die Blumen zu verteilen, die Kerzen anzuzünden.

Zum geplanten Kochen kommen sie nicht. Zwischen zwei Umarmungen holen sie sich Schinken und Melone ins Bett, Brot,

Käse, Wein; sie trinken aus einem Glas. Seine Mitteilung, seine Firma ziehe wahrscheinlich von München nach Berlin um und da müsse er mit, löst nur ein träges „Warum nicht nach Berlin ..." bei ihr aus. Kein Wort davon, daß ihre Vorgesetzten erst kürzlich ihrem immer wieder vorgetragenen Wunsch entsprochen haben, sie in eine interessantere Abteilung zu versetzen, mit verantwortungsvollerer, besser bezahlter Arbeit. Hauptsache Du und ich. Wo Du hingehst, da will auch ich hingehen ...
Eng umschlungen sehen sie die „Tagesthemen". Ein Eisenbahnunglück mit einer Anzahl Toter, eine kriegerische Auseinandersetzung im südlichen Afrika rührt sie beide, weichgestimmt wie sie sind, zu Tränen. Ihr Wunsch, alle Menschen wären so glücklich wie sie es sind, ist aufrichtig. Doch die Realität erreicht das Liebespaar nicht wirklich – die ist draußen, wie hinter einer Milchglasscheibe.
Die Freunde klingeln vergeblich. Ihre aufs Band gesprochenen Einladungen werden nicht angenommen. Der innigen Bitte der Mutter, an einem Familientreffen teilzunehmen, wird nur halbherzig entsprochen. Sie verlassen das Fest vorzeitig, ignorieren das Kopfschütteln der Teilnehmer.
Sein Schnarchen stört sie nicht. Ihn stören nicht ihre tropfnaß über den Badewannenrand gehängten Strümpfe. Wer nachts aufwacht, wartet, bis seine Augen sich an die Dunkelheit gewöhnt haben, und betrachtet den anderen mit Zärtlichkeit. Morgens bringt er ihr eine Tasse Tee ans Bett. Sie räkelt sich unter der Bettdecke. Glück. So einfach ist das. Und kostet so wenig – nichts eigentlich.
Bis das wirkliche Leben die Rechnung aufmacht. Was bis gestern noch *alles* war, ist unversehens *zuwenig*. Das Gehäuse ihrer Zweisamkeit, bis eben noch groß genug, den ganzen Himmel zu beherbergen, schrumpft auf die 42 im Mietvertrag ausgewiesenen Quadratmeter, zuzüglich Keller- und Dachbodenanteil. Sie sucht im Kalender den Termin des nächstfolgenden Stammtisches mit Kolleginnen und Kollegen. Er ruft an und sagt, daß er heute

später kommt, nein, keine Überstunden, er trifft sich mit ein paar Leuten zum Volleyball spielen und In-die-Kneipe-Gehen; es kann gut und gern Mitternacht werden.
Sie ertappt sich dabei, daß sie aufatmet. Endlich wird sie die Wohnung mal wieder eine Weile ganz für sich alleine haben. Sie läßt Wasser in die Wanne, vertieft sich in den Brief ihrer Schwester. Die Stille tut ihr gut. Gleichzeitig nistet sich Traurigkeit ein. Was ist los? Natürlich haben sie auch in der Vergangenheit gelegentlich ohne einander auskommen müssen. Aber das war der pure Zwang gewesen. Schließlich üben sie beide einen Beruf aus, müssen an Schulungen, Konferenzen, Betriebsfesten teilnehmen. Außerdem gibt es Verpflichtungen gegenüber Eltern und Geschwistern, denen man sich, bei aller Sehnsucht nach Zweisamkeit, nicht immer entziehen konnte.
Aber mit all dem hat dieser Abend nicht das Geringste zu tun. Diesmal ist es eine Trennung aus freien Stücken. Gut, er hat sie herbeigeführt, aber sie konnte das ganz locker nehmen, ja sogar mit Genuß – und nicht ohne eine gewisse Erleichterung: So mußte nicht sie es sein, die den „freien Abend" reklamierte. Er ist der Aussteiger, nicht sie. In seiner Stimme schwang denn auch Unsicherheit, schlechtes Gewissen mit. Ist womöglich die Liebe erloschen? War das Ganze nur ein Strohfeuer, das prasselnd, funkenstiebend gen Himmel loderte – um jäh wieder in sich zusammenzufallen? Oder hat einer von beiden einen Fehler gemacht, dem anderen eine Verletzung zugefügt, auf die der Getroffene mit Rückzug reagiert? In die Traurigkeit mischt sich Irritation, schließlich Verzweiflung.
Spätestens ab hier ist die Geschichte dieses Liebespaares nicht mehr exklusiv. Es erlebt und erleidet, wie alle anderen Paare, eine erste Ahnung von der „Vertreibung aus dem Paradies". Doch muß das keineswegs heißen, daß sich etwa die Liebe wieder davongemacht hätte oder daß grundsätzliche Unvereinbarkeiten aufgetaucht wären. Die Erklärung ist, genau besehen, viel radikaler: Das Paradies ist eine Fiktion, eine Idee, der die latente Sehn-

sucht nach vollkommener Verschmelzung mit einem anderen Menschen zugrunde liegt.
Von dem Augenblick an, da der Mensch den Mutterleib verläßt, sich das Kind des Getrenntseins von seiner Mutter bewußt wird, entsteht auch die Sehnsucht nach dem (Wieder-)Einssein mit einem Zweiten. Doch parallel dazu entwickelt der Mensch ein ebenso starkes Bedürfnis danach, als Einzelner zu bestehen, sich auch allein als Ganzes zu erleben, Individualität zu erlangen. Zwischen diesen beiden Polen schwanken wir ein Leben lang hin und her. Aus diesem Widerspruch entsteht im Grunde alles Liebesglück und Liebesleid. Aber auch Leistungswille, Kunst, Kreativität – und Schwäche und Versagen.
Frisch verliebt schöpfen wir die Lust des Einsseins aus bis auf den Grund. Sie ist so groß und allumfassend, daß die Vorstellung, die vollkommene Verschmelzung sei letztlich das einzig Menschengerechte und ihr sei alles unterzuordnen – einschließlich der Individualität der beiden Liebenden –, sich fast zwangsläufig aufdrängt. Und doch ist es ein Irrtum – dem allerdings nur allzu leicht erliegt, wer sich zum erstenmal verliebt oder nach einer Durststrecke eine neue Liebe gefunden hat.
Zur Falle für die Liebe kann dieser Irrtum werden, wenn etwas ganz Entscheidendes und zunächst paradox Erscheinendes nicht verstanden wird: Daß die Verschmelzung selbst das Bedürfnis nach Getrenntsein gebiert. Je überwältigender die Verschmelzung und je radikaler die Preisgabe der Individualität, um so vehementer entsteht auch der Wunsch, die Individualität, sich selbst zurückzuerlangen. Und umgekehrt: Je ausgeprägter die Eigenständigkeit und je intensiver das Gefühl des Getrenntseins, um so größer ist auch das Verlangen nach Aufhebung der Trennung, nach Einssein. Traurigkeit über den Verlust des einen wie des anderen ist somit immer ein Gradmesser für die Intensität der Liebe. Das Bedürfnis, die Zweisamkeit zu verlassen, um wieder bei sich selber zu sein, muß also keineswegs ein Zeichen dafür sein, daß die Liebe vorüber ist. Ganz im Gegenteil.

Unter diesem Vorzeichen wird alles ganz leicht. Er braucht kein schlechtes Gewissen zu haben, wenn er mit Freunden Volleyball spielt, anstatt auch an diesem Abend mit ihr Händchen zu halten. Sie kann unbesorgt um ihrer beider Liebe die Stille der Wohnung genießen oder die Debatte mit den Kollegen vom Stammtisch. Und ganz ohne das nagende Empfinden, womöglich ihre Zweisamkeit zu verraten, können sie sich unter Leute mischen, mitreden, zuhören, auftanken. Weil sie wissen: Auch dies hält die Liebe lebendig.

Wer in einer Liebesbeziehung nicht rechtzeitig auch an sich denkt, nicht auch die Außenwelt hereinholt, kann dadurch vielleicht die Illusion, das Einssein sei alles, noch ein bißchen verlängern. Doch der Preis ist hoch. Allzu strikte Fixierung auf den Partner führt fast immer zu erheblichem Frust, zu Unmut und Unglücklichsein. Nicht selten kommt es zu geradezu eruptiver, explosiver Gegenwehr. Ein passionierter Langschläfer, der dem anderen zuliebe 99 Tage lang frühmorgens um sechs zum Joggen ging, will am hundertsten Tag endlich mal wieder ausschlafen – verdammt noch mal! Die noch verhängnisvollere Variante: Wer völlig im anderen aufgeht, ist schließlich selber nicht mehr vorhanden. Ein Nichts. Ein Nichts zu lieben aber ist unmöglich.

Der Liebe innewohnend ist der Wunsch, sie möge weitergehen. Und je inniger, ausschließlicher die Liebe, um so inbrünstiger der Wunsch nach mehr. Deshalb sind der heiße Schrecken und die Traurigkeit über den Aufbruch aus der puren Zweisamkeit nur allzu verständlich. Und der Schluß „Wir beide passen eben doch nicht zusammen“, liegt nah.

Er ist falsch. Oder präziser: Es kann so sein, muß aber nicht. Wer in einem solchen Augenblick Hals über Kopf davonläuft, um möglichst rasch eine neue Liebe zu suchen und mit dieser das ewige Paradies zu errichten, wird bitter Schiffbruch erleiden.

Da ist es besser, das Liebeshaus reichlich mit Fenstern und Türen zu versehen – um in kostbaren Sternstunden alle Läden zu schließen und ganz allein zu zweit zu sein.

2. FALLE

Sich stets von der besten Seite zeigen – das hält die Liebe heiß

Noch nie, sagt er, habe ich eine Frau getroffen, die soviel Verständnis zeigt für meine kleinen Schwächen – als da sind Unpünktlichkeit, Vergeßlichkeit und nicht anzurufen trotz eines hochheiligen Versprechens. Immer hat es Ärger gegeben deshalb. Sie hingegen lächelt nur, nimmt es leicht, verzeiht und vertraut mir. Ich fühle mich glücklich und frei, wie ein Fisch im Wasser.

Noch nie, sagt sie, habe ich einen Mann getroffen, der meine Aktivitäten derart mitgetragen hat – die Wochenendseminare und Abendveranstaltungen (zwecks beruflichen Vorwärtskommens oder zwecks Selbstfindung oder im Rahmen sozialer Arbeit). Selbst bei Terminen, die einen Strich durch geplante gemeinsame Unternehmungen machen, gibt es kein Wort des Vorwurfs. Eitel Unterstützung. Auch meine gelegentliche Hektik und Unordentlichkeit erträgt er geduldig: Die in der Eile zu Boden geworfenen nassen Handtücher, die nicht weggeräumte schmutzige Wäsche, die Zettelwirtschaft rund ums Telefon. Endlich ein Mann, der Wesentliches von Unwesentlichem trennen kann!

Warum, sagt sie, soll ich nicht die Kinokarten besorgen, fürs Abendessen einkaufen, bei der Hausverwaltung anrufen, wenn er solche Dinge nun mal gern vergißt? Schließlich mache ich es ja für uns beide, und was ist das schon angesichts seiner Zärtlichkeit,

seiner Spontaneität, seiner witzigen Einfälle, mich zu überraschen: mit Erdbeeren im Winter, einer Flasche Champagner an einem x-beliebigen Donnerstag, einem Telegramm an meinem Arbeitsplatz: Ich liebe Dich!
Warum, sagt er, soll ich nicht schnell ihre Handtücher zum Trocknen aufhängen, die Wäsche in den Korb sammeln und ihr die Daumen drücken für ihre Aktivitäten? Ich bewundere sie, weil sie etwas hat, das ich nicht in gleichem Maße besitze: die Eigenschaft, Ziele beharrlich zu verfolgen. Warum soll ich sie darin nicht nach Kräften unterstützen?
Zwei Menschen, die sich von ihrer besten Seite zeigen. Voller Verständnis für die Schwächen und Marotten des anderen, voller Hilfsbereitschaft, wenn es darum geht, dem anderen Arbeit abzunehmen, ihm Steine aus dem Weg zu räumen, ihn von ungeliebten Verpflichtungen zu befreien; voller Sensibilität für die Bedürfnisse des Partners, voller Behutsamkeit im Umgang mit der gemeinsamen, noch so jungen Liebe.
Und je begeisterter der andere all dies konstatiert und kommentiert, desto mehr legen sich beide ins Zeug. Der Großzügige wird noch großzügiger, der Humorvolle noch humorvoller, der Zartfühlende noch zartfühlender, der Kluge noch klüger, der Sensible noch sensibler, der Selbstlose noch selbstloser, um – sich spiegelnd im Hingerissensein des anderen – zu der Überzeugung zu gelangen: Ich bin, bei Licht betrachtet, ein schier vollkommener Mensch. Sicher, hier und da gibt es vielleicht noch die eine oder andere kleine Schwäche, aber die fällt angesichts all der positiven Dinge nicht weiter ins Gewicht. Ich bin schlicht wunderbar.
So was sagt man natürlich nicht laut. So was denkt man. Man denkt zum Beispiel: Nun habe ich den schwierigen Anruf getätigt, das Bad geputzt, ihm/ihr bei der Steuererklärung geholfen, den Tisch festlich gedeckt, dafür *m u ß* er/sie mich ja lieben – und auch mal stillschweigend den Einkauf übernehmen, die leeren Flaschen in den Glascontainer schaffen, in der Diskussion mit Freunden meine Partei ergreifen, mich trösten, wenn

die Kollegen sich mir gegenüber unfair verhalten oder der Chef mich ungerecht behandelt. Und wenn das nicht stillschweigend geschieht, dann wird man ja wohl ein bißchen nachhelfen dürfen. Ganz lieb und zart und vorsichtig natürlich. Etwa nach dem Motto: Nun war ich so nett zu dir, da könntest du mir doch auch beim Autowaschen helfen, am Sonntag mit mir bei meiner Mutter Besuch machen (du weißt doch, wie sehr sie sich darüber freut), mir den Rücken massieren, die Balkonmöbel streichen, mich morgen mit deinem Wagen vom Betrieb abholen (weil meiner doch noch in der Werkstatt ist).
Der andere horcht auf. Und spürt mehr, als daß er es zu diesem Zeitpunkt schon konkret benennen könnte: Hier geht es um Aufrechnung, Abrechnung, um milde Erpressung. Und unversehens hat die junge Liebe etwas von ihrer Unschuld verloren.
Vielleicht geht der andere noch bereitwillig darauf ein, entspricht den Wünschen des Partners, aber nun nicht mehr aus freien Stükken, sondern eher aus einer diffusen Irritation heraus oder um des lieben Friedens willen.
Vielleicht denkt er auch: Eigentlich ist es ja nur gerecht, schließlich war er/sie wirklich sehr nett zu mir. Möglicherweise reagiert er auch mit Resistenz: Nein, so nicht – wir haben doch keine geschäftliche Beziehung miteinander! Oder mit Traurigkeit über den Verlust der köstlichen Illusion, ihrer beider Beziehung könnte der Abstieg in derartige Niederungen erspart bleiben.
Wie dem auch sei – ein Schatten ist auf ihre Liebe gefallen. Und wenn jetzt nicht beide höllisch aufpassen, dann ist es um ihre Gefühle geschehen. Weil sich jeder hinters Licht geführt fühlen muß. Weil sich die Frage stellt: War all das während der ersten Monate unserer Liebe gezeigte Verständnis womöglich nur Maske, Verstellung, Theater? Die vorgeführte Selbstlosigkeit letztlich nur schiere Selbstgerechtigkeit? Wird jetzt der Lohn für die guten Taten reklamiert? Mit zunehmend aggressivem Unterton übrigens: Aber hör mal, ich werde ja wohl erwarten dürfen, daß du dich in gleicher Weise einbringst wie ich …

Die Frage, ob man sich womöglich in der Beurteilung des Partners geirrt hat, liegt auf der Hand. Die Antwort kann „ja" lauten. Viel öfter aber lautet sie „nein". Natürlich passiert es, daß jemand in der Phase erster atemloser Verliebtheit in eine Rolle schlüpft, die nichts, aber auch gar nichts mit ihm selber zu tun hat. Die er gleichwohl – angefeuert durch die Begeisterung des Partners und auch getragen von dem inbrünstigen Wunsch, das Glück der Verliebtheit möge dauern – eine Weile durchzuhalten vermag.
Meist aber ist es viel einfacher – und komplizierter zugleich: Daß Frischverliebte bestrebt sind, dem jeweils anderen zu gefallen, ihm die positiven Seiten des Wesens, des Charakters vorzuführen, liegt in der Natur der Sache, ist wichtigster Bestandteil der Liebe, macht gewissermaßen die Liebe aus. Und mehr noch: Liebe ist ja tatsächlich imstande, positive Wesenszüge und Charaktermerkmale zu verstärken. Der Irrtum, die Falle, liegt lediglich darin anzunehmen, was sich da zeigt, sei der ganze Mensch.
Ein Mensch, der lediglich seine positiven Eigenschaften sehen läßt und die ihm innewohnende dunkle Seite unbewußt zu verbergen sucht oder gar negiert, kann jedoch nur unvollständig sein. Liebe, Zärtlichkeit, Sensibilität, Mitleid auf der einen Seite – Aggression, Neid, Angst, Haß, Konkurrenzdenken auf der anderen Seite: erst das ist der ganze, der vollständige Mensch. Auch wenn sich für eine Weile die negativen Eigenschaften und Grundgefühle zugunsten der positiven zurückdrängen lassen, so sind es eben doch die freundlichen wie die unfreundlichen Empfindungen, die den ganzen Menschen ausmachen. Und es erweist sich meist als höchst verhängnisvoll, wenn wir allzulange nur die schöne, die strahlende Seite der Medaille vorzeigen. Es geht auf die Dauer auch gar nicht: weil die dunkle Seite einfach auch da ist. Oft in phantasievoller Verkleidung – und deshalb erst auf den zweiten oder dritten Blick zu erkennen.
Ihre gängigste Maske ist die schmeichelnde Erpressung, von der hier bereits die Rede war: Ich habe soviel für dich getan, da kannst du doch wenigstens die Mäntel zur Reinigung bringen ... Eine

andere Kostümierung ist die schier unangreifbare Fürsorge: Du solltest dich deiner Erkältung wegen noch ein bißchen schonen und das Wochenende lieber gemütlich zu Hause verbringen, anstatt schon wieder segeln zu gehen. Dahinter steckt nur allzu häufig der Wunsch, daß der Partner das Wochenende mit einem selbst und nicht mit anderen verbringen möge.

Nun stellt sich natürlich die Frage: Warum um alles in der Welt wird das eigene Begehren denn nicht klar und offen ausgesprochen? Die simple Antwort: weil man die Zerstörung des eigenen Image fürchtet. Plötzlich wird offenkundig, daß es mit der Sorge um den anderen gar nicht so weit her ist, sondern daß man vor allem auch eigene Ansprüche durchsetzen möchte.

Von außen betrachtet ist nur schwer begreiflich, warum genau dies nicht von Anfang an offen dargelegt wird. Nichts scheint einfacher, nichts selbstverständlicher als das, ist es aber offenbar durchaus nicht – weshalb jedes Naserümpfen, jede überhebliche Attitüde („Mir kann sowas nicht passieren!") auch gänzlich fehl am Platz ist. Es passiert nämlich fast jedem. Weil es – wie gesagt – im Wesen der Liebe liegt, dem anderen gefallen zu wollen, und sei es (zunächst) um den Preis der halben Wahrheit.

Doch wird das Verschweigen gar nicht so selten auch bewußt eingesetzt – und zwar dort, wo man unsicher ist, wie belastbar die Liebe ist. Da wird sie für ein derart zartes Gebilde gehalten, daß man meint, ihr jeden Windhauch ersparen zu müssen. Da wird Theater gespielt, da dreht und wendet man sich – um den schönen Gefühlen ja nicht die Realität zumuten zu müssen. Und wer zwanzigmal beteuert hat, daß ihn die Nachlässigkeit des anderen im Umgang mit Verabredungen und Terminen keineswegs störe, ihm vielmehr als Korrektiv für die eigene Zwanghaftigkeit höchst willkommen sei, der kann nun auch nicht plötzlich bekennen: Am liebsten würde ich ihn umbringen für seine Schusseligkeit! Und statt rechtzeitig mehr Disziplin zu reklamieren, fängt er an, den Partner zu ermahnen, zu erinnern, abzufragen: Hast du an den Brief, Anruf, Verwandtenbesuch, Behördentermin gedacht?

Zunächst mit mildem Stimmchen, doch wenig später bereits in harscherem Ton. Bis der andere sich wehren *muß*: Laß mich in Ruhe, Herrgott nochmal, was geht's dich an! Wobei der Abfrager recht hätte, wenn er jetzt erklärte, daß ihn das Verhalten des anderen durchaus etwas anginge, weil es auch sein eigenes Leben, seine eigenen Beziehungen zur Umwelt beeinträchtige. Es gehört nicht allzuviel Phantasie dazu, sich vorzustellen, welch ein Endlosstreit unter dieser Prämisse vorprogrammiert ist.

Der Liebe ergeht es häufig wie einem Säugling. Viele trauen sich nicht, das Neugeborene anzufassen, weil sie fürchten, irgend etwas kaputt zu machen. In Wirklichkeit besitzt das kleine Kind die Kraft und den Willen, sämtliche Mitglieder eines Haushalts nach seinen Vorstellungen tanzen zu lassen. Auch die Liebe ist viel weniger zerbrechlich, als manche glauben.

Es gehört zur „Logik der Liebe", daß wir uns um der positiven Eigenschaften des anderen willen in ihn verlieben. Sicher, auch seines Äußeren wegen, denn die schöne, anmutige Gestalt gilt uns gleichsam als sichtbarer Ausdruck des schönen Inneren. Erst später wird erkennbar, daß die herrliche Person, in die wir uns verliebt haben, auch kleinlich und schwach sein kann.

Wie aus dem Dilemma herauskommen? Es gibt nur eine Möglichkeit: Wir müssen die Wirklichkeit erkennen, besser: anerkennen – und den anderen Menschen akzeptieren. Nicht nur in Teilen, sondern ganz. Glücklich, wer genügend Humor und entsprechend Abstand zu sich selbst besitzt, um sich vorstellen zu können, daß er dem anderen genauso auf die Nerven gehen kann wie der ihm. Das sei doch eine Selbstverständlichkeit, eine Platitüde? Keineswegs. Nichts fällt uns, nach übereinstimmender Auskunft der Partnerschaftsberater, schwerer, als den eigenen Anteil an möglichen Schwierigkeiten in einer Beziehung zu akzeptieren. Und zwar ehrlich gemeint, nicht, um der Kritik des anderen zuvorzukommen und den Gesprächspartner damit quasi zu entwaffnen; und auch nicht, um eine Auseinandersetzung abzukürzen, indem man (ohne Einsicht) die Schuld auf sich nimmt.

3. FALLE

Wer sich liebt, streitet nicht

Was essen wir heute abend, was machen wir am Wochenende, was ziehen wir an, was schenken wir wem, nehmen wir die Fahrräder, das Auto oder die U-Bahn? Lauter Alltagsfragen, deren Beantwortung Frischverliebten nicht die geringste Mühe bereitet. Beide haben vor allem dies im Kopf: dem anderen entgegenzukommen, den anderen glücklich zu sehen. Und wenn der andere sich vielleicht nicht klipp und klar äußert, so wird versucht, herauszuhören und herauszuspüren, welcher der Möglichkeiten er den Vorzug gibt – um sich selber mit Vergnügen anzupassen.

Nein, mit der Unterdrückung eigener Vorstellungen und Bedürfnisse hat das (noch) nichts zu tun. Sein Glück, ihr Glück speist sich tatsächlich vor allem auch aus dem Glück des jeweils anderen. Das ist das Wesen der Verliebtheit. Und selbst, wenn letztlich immer der eine es ist, dessen Wunsch berücksichtigt wird – weil er rascher entscheiden und sich deutlicher äußern kann –, so tut auch das der Liebe (zunächst) keinen Abbruch. Ja, die Verliebten bemerken das Ungleichgewicht nicht einmal. Wenn sie am Sonntagvormittag aufstehen – glücklich und schon wieder ein bißchen müde ob der heftigen Umarmungen dieses Morgens – und wenn dann der eine Kaffee kocht und Brot, Butter und Orangenmarmelade auf den Tisch stellt, dann setzt sich der ande-

re ganz selbstverständlich dazu und läßt es sich schmecken. Auch wenn er bis zu diesem Augenblick überzeugt war, den Tag nur mit Tee und Wurstbroten „richtig" beginnen zu können.
Tee oder Kaffee, Kino oder Theater, Disco oder Nachtspaziergang, Politdebatte mit diesen oder Diavorführung mit jenen Freunden – während die Verliebten Blick in Blick am Frühstückstisch sitzen und einander den Honig in den Tee rühren, haben solche Fragen keinerlei Relevanz. „Was *du* willst", sagt er. Und sie: „Was *du* willst." Und sie meinen es auch so – und können sich beim allerbesten Willen nicht vorstellen, daß sich das je ändern könnte. Sie lachen herzlich über die erbitterte Endlosdiskussion eines befreundeten Paares, welchem Urlaubsziel denn nun der Vorzug zu geben sei: England oder Italien. Aber das sei doch vollkommen gleichgültig, hatten sie die Debatte zu entschärfen versucht, außerdem könne man doch in diesem Jahr hierhin und im nächsten dorthin reisen, womit schließlich beider Wünsche Genüge getan wäre. Aber ihre Beschwichtigungsversuche waren vergeblich gewesen. Die Turtelnden schütteln darüber die Köpfe. Und sind sich sehr schnell auch darin einig, daß das mit Liebe ja wohl nichts mehr zu tun haben kann.
Sie irren sich. Zum Glück. Denn auch sie beide werden über kurz oder lang unversehens in Streit geraten – und (hoffentlich!) erfahren, daß das keineswegs das Ende ihrer Liebe bedeuten muß. Im ersten Moment werden sie allerdings heillos erschrecken, wie alle, die nach eitel Wonne und süßer Harmonie plötzlich auf Unvereinbarkeiten stoßen, die sich bei aller Liebe nicht so einfach vom Tisch wischen lassen. Diese zum Beispiel: Sie hat ihre Mutter eingeladen, sie beide in ihrer neuen Wohnung zu besuchen. Er fühlt sich zur Zeit beruflich derart unter Druck, daß ihn Hausgäste überfordern – und ihre anspruchsvolle Mutter allemal.
Sie: „Aber ich habe doch schon alles mit meiner Mutter besprochen – und sie freut sich so." Er: „Du weißt doch, in welchem Streß ich stecke." Sie: „Nein, so genau wußte ich das nicht." Er: „Aber du hättest es dir vorstellen können, du kennst doch meine

Situation.“ Sie: „Da hättest du schon deutlicher werden müssen. Das ärgert mich sowieso, daß du nicht mit der Sprache rauskommst.“ Er: „Weil das meist gar keinen Sinn hat – du hörst mir gar nicht richtig zu oder verstehst nur Bahnhof.“ Sie: „Wie bitte, ich verstehe dich nicht? Wer bist du denn, daß du so etwas sagst – der große Überflieger? Daß ich nicht lache!“

Fortsetzung und Schluß des Streits sind offen. Mindestens zwei Varianten sind möglich. Die schlechtere: Man weicht immer weiter vom eigentlichen Thema ab. Der schon länger angestaute Ärger über den Partner quillt ungebremst zutage. Schlag und Gegenschlag eskalieren – bis die Streitenden türenschlagend davonrennen: Sie, um sich bei der Freundin auszuweinen, er, um sich in der Kneipe zu betrinken – und schließlich elend und todtraurig zurückzukehren. Ein Scherbenhaufen. Die bessere Variante: Man findet zum Ausgangsproblem zurück. Beide nehmen die Argumente des anderen ernst. Er erkennt, wie sehr ihr daran liegt, ihrer Mutter die schöne neue Wohnung zu zeigen und auch die Mutter, die lange krank war, ein bißchen zu verwöhnen. Sie begreift, unter welchem Druck er steht – weshalb sie sich bereiterklärt, die Mutter zu bitten, den Besuch um eine Woche zu verschieben. Bis dahin würde sich seine Lage etwas entspannt haben. Er verspricht im Gegenzug, einen besonderen Wunsch der Mutter zu erfüllen, nämlich Karten für ein bestimmtes Theaterstück zu besorgen. Alles in allem ein guter Kompromiß, mit dem beide leben können.

Doch wie sie mit ihrem ersten Streit umgegangen sind, ist nur ein Teil des Problems. Viel nachhaltiger hat sie erschüttert, daß sie überhaupt gestritten haben. Streit, so haben sie im Hinterkopf, Streit hat mit Liebe nichts zu tun; ein Liebespaar, das in Streit gerät, hat sein Glück auch schon verspielt.

Das ist falsch. Das Gegenteil ist richtig. Streiten ist unerläßlich fürs Glück. Ein Paar, das sich streitet, bleibt sich nah. Ein Paar, das den Streit meidet, driftet gefühlsmäßig auseinander – und die Liebe macht sich schließlich klammheimlich davon. Streiten verbindet. Wer diese viel postulierte These heute in der Partnerschaftsberatung zum erstenmal hört, fällt vielleicht aus allen Wolken, weil sie sein Weltbild quasi auf den Kopf stellt. Streit ist häßlich, lernen wir im Elternhaus, im Kindergarten, in der Schule. Aggression zu unterdrücken gilt bis heute den meisten als Tugend. Wer brüllt, hat sowieso unrecht. Zwar soll der mündige Bürger selbstverständlich seine Rechte selbstbewußt wahrnehmen, doch mit wohlgesetzten Worten und mit verhaltener Stimme. Und ehe er aus dem Rahmen fällt, zieht er sich besser bescheiden zurück. Bis heute läuft Erziehung, vor allem Mädchenerziehung, unter dieser Prämisse. Und das, obwohl es andererseits mittlerweile Allgemeingut ist, daß Aggression zu den menschlichen Grundgefühlen gehört, genauso wie Liebe – und daß Grundgefühle ausgelebt werden müssen, will man nicht an ihnen ersticken.

Für ein Liebespaar gilt das in ganz besonderem Maße. Denn nirgendwo sonst besteht soviel Nähe, soviel Miteinander wie hier. Und dieses Miteinander will gestaltet sein. In der allerersten rauschhaften Verliebtheit läuft alles noch ganz wie von selbst. Man herzt und küßt und streichelt und verwöhnt sich, ohne viele Worte machen zu müssen. Doch sobald man sich aus der ganz engen Umklammerung löst, um wieder als Einzelwesen auf seinen zwei Beinen zu stehen, bedarf es immer von neuem des Aushandelns, der Verabredungen, der Kompromisse zwischen einander widerstrebenden Bedürfnissen und der Offenheit auch für gegenseitige Kritik. Speziell Kritik aber macht Verliebten zunächst Höllenangst. Weil sie fürchten, dies sei der Anfang vom Ende ihrer Liebe. Und tatsächlich mündet ja gegenseitiges Kritisieren nicht selten in Streit. Streit aber, so fürchten die meisten, entzieht uns den gemeinsamen Boden.

In Wirklichkeit macht Streit den Boden stabiler. Das mag paradox klingen, wird aber sofort verständlich und bedarf eigentlich keiner Erklärung, wenn man sich dies vor Augen führt: Je enger das Zusammenleben ist, um so mehr Reibungsmöglichkeit entsteht. Und um so deutlicher treten auch die Schwächen, die Defizite und Ungereimtheiten im Verhalten des Partners zutage. Daß darüber Enttäuschung, Verärgerung, Unmut aufkommen, liegt auf der Hand. Und dieser Unmut muß raus. Nicht unbedingt im selben Augenblick – aber irgendwann müssen sich Enttäuschung und Verärgerung entladen. Der Zeitpunkt bemißt sich nach dem eigenen Temperament, der psychischen Belastbarkeit, dem Selbstwertgefühl. Der eine meldet Kritik an, die der andere erfahrungsgemäß erstmal zurückweist. Wut und Entrüstung kommen auf, ein Wort gibt das andere – und schon sind die beiden mittendrin im Streit. Unerfreulich genug – aber eine Katastrophe ist es nur dann, wenn jahrelang mit der Kritik hinter dem Berg gehalten wurde und sich schließlich soviel davon angesammelt hat, daß sie nun in einer nicht mehr einzudämmenden Flut die Liebe gänzlich überschwemmt. Wer hingegen *rechtzeitig* und in einigermaßen verträglichen „Portionen" streitet – das heißt, am besten täglich, mindestens aber wöchentlich Bilanz zieht, Widerspruch anmeldet und Gegenvorschläge unterbreitet, um sich so mit dem anderen im konstruktiven Sinn streitend auseinanderzusetzen, der hat einen doppelten Vorteil: Streit solcher Art, so mühsam und quälend er auch sein mag, stellt sicher, daß beide auf dem laufenden darüber bleiben, wie der jeweils andere zu einem steht, was ihm gefällt, was ihm mißfällt. Man weiß, was der Partner von einem will. Ob man es ihm geben kann oder möchte, steht wieder auf einem anderen Blatt. Aber zumindest kann man sich ein Bild machen, wie die Beziehung in diesem Augenblick aussieht und wie man selbst und der Partner sich in ihr fühlen. Und man ist quitt miteinander. Das „Streitkonto" wird immer wieder ausgeglichen. Für unvoreingenommenes Weitermachen ist das die beste Basis. Der zweite Vorteil, der sich fast naturgemäß aus dem ersten ergibt: Man bleibt sich nah – und lernt sich im permanenten Gespräch immer besser kennen.

Chronische Nichtstreiter, die, um den Partner zu schonen oder aus Angst, die Beziehung könnte am Streit zerbrechen – oder auch aus Trägheit – jeglichen Groll hinunterschlucken, wissen schon sehr bald überhaupt nicht mehr, was es eigentlich mit ihrer Beziehung auf sich hat. Ihnen ist natürlich bewußt, daß der andere wahrscheinlich ähnlich viel Verärgerung, Gekränktsein, Traurigkeit und Aggression gegenüber dem Partner mit sich herumschleppt; aber wie groß sein Unmut ist und wo genau seine Kritik ansetzt, das wissen sie nicht. Und schließlich wissen sie noch nicht einmal mehr, ob der andere sie überhaupt noch liebt. Die daraus resultierende Unsicherheit aber führt dann entweder zu noch mehr Verschweigen – bis hin zum völligen Verstummen – oder bricht sich anläßlich einer beliebigen Geringfügigkeit zerstörerisch Bahn.

Da kommt dann alles auf den Tisch: die vergessene Kirschmarmelade für das Sonntagsfrühstück, der Flirt im vergangenen Herbst auf der Fähre zwischen Genua und Sardinien, der allzu heftige Alkoholkonsum, ausgerechnet als der Vater zu Besuch war, die Verweigerung einer bestimmten Position beim Miteinanderschlafen, die allzu ausgeprägte Bindung an die Geschwister, die verpatzte Prüfung, die berufliche Erfolglosigkeit ... Und überhaupt! „Versager auf der ganzen Linie!“ - „Du genauso!“ – Und von einem Augenblick auf den anderen wird die Beziehung generell in Frage gestellt. Der ganz große Krach ist da, der nur äußerst mühsam wieder beizulegen ist – und häufig genug sogar zur Trennung führt. Untersuchungen über Paare haben ergeben, daß Ehen und Partnerschaften, in denen viel gestritten wird, länger halten und lebendiger und glücklicher verlaufen als Beziehungen, in denen man – aus welchen Gründen auch immer – lieber den Mund hält, anstatt Kritik anzumelden.

Wobei hier, wie gesagt, der konstruktive Streit gemeint ist, die bereinigende Auseinandersetzung, die einzig deshalb geführt wird, um anschließend wieder in gewohnter Unkompliziertheit und Fröhlichkeit miteinander umgehen zu können. Der Streit, der den anderen zu Boden werfen und vernichten soll, hat hingegen mit Liebe nichts zu tun.

4. FALLE

Nie mehr getrennt – das ist der Himmel

Verliebte haben ein Lieblingswort. Das heißt *w i r*. Das allererste Wir kommt manchmal noch zögernd, gleichsam als Versuchsballon. „Und was machen wir Ostern?“ fragt er. Er sagt nicht: Was machst du Ostern? Er sagt *w i r*. Und sie – genauso verliebt in ihn wie er in sie – zittert vor Glück. Denn jetzt ist erst Ende Januar, Ostern noch Monate weit weg. Und sein Wir zu diesem Zeitpunkt ist eben kein beliebiges Personalpronomen – sondern ein Signal und heißt nicht mehr und nicht weniger als dies: Ich stelle mir vor (oder setze voraus), daß wir auch in ein paar Monaten noch zusammen sind. *W i r* – das ist in diesem Fall ein Synonym für Perspektive, für gemeinsame Zukunft.

Von nun an geht das Wir leicht von den Lippen. *W i r* gehen gern früh schlafen – und stehen früh auf (oder umgekehrt), *w i r* lernen Italienisch, *w i r* fahren im Urlaub nach Ligurien, *w i r* haben uns neue Fahrräder gekauft, *w i r* sind eigentlich Kinofans, aber jetzt haben *w i r* das Theater für uns neu entdeckt, *w i r* würden gern aufs Land ziehen. Wir – das ist die Erfüllung eines Traumes, den im Grunde jeder von uns träumt. Wir – das ist ein „Programm“. Und die anderen Leute spielen ganz selbstverständlich mit: „Na, wie geht es euch?“ fragen sie. „Was macht ihr am Wochenende, habt ihr euch die Ausstellung im Stadtmuseum schon angesehen?“

Eins und eins ist zwei. Wir. So einfach ist das. Ehe man sich's versieht, ist man als Paar akzeptiert. Und kein Mensch käme jetzt noch auf die Idee, etwa nur den einen von beiden zum Sonntagsfrühstück einzuladen. Das ist auch ganz richtig so. Sich zu verlieben heißt ja letztlich nichts anderes, als daß sich zwei Menschen von nun an zusammengehörig fühlen. Und wenn sie das von ihrer Umwelt bestätigt haben möchten, ist das ebenfalls in Ordnung. Doch sollten die zwei folgenden Alltagsgeschichten ruhig ein bißchen zu denken geben.

Geschichte Nummer eins: Sie hatte gerade ihre Klavierstunden wieder aufgenommen, als sie ihn kennenlernte. Es war vor der Wohnungstür der Klavierlehrerin. Er wohnte im selben Haus. Und als ihr eines Tages die Mappe mit den Noten aus der Hand rutschte und die einzelnen Blätter die Treppe hinunterflatterten, war er es, der sie aufsammelte und ihr überreichte. Dabei begegneten sich ihre Blicke, und sein Lächeln gefiel ihr derart, daß sie hoffte, diesem Mann das nächste Mal wieder zu begegnen. Das passierte auch. Nicht ganz zufällig, wie er ihr später gestand. Auch ihn habe ihr Lächeln elektrisiert. Er hatte die Klavierlehrerin (und Nachbarin) gefragt, wann denn die zarte Blonde wieder zum Unterricht komme – und war wie von ungefähr aus seiner Wohnungstür getreten, als sie gerade vorüberging. – Eine stürmische Liebesgeschichte nahm ihren Anfang. Jede freie Minute steckten sie zusammen. Er, passionierter Sportler, schleppte sie von einer Aktivität zur anderen. Joggen, Bodybuilding, Karate, Schwimmen. Sie ließ sich gern animieren, genoß das neue Körpergefühl, mochte auch die Leute, mit denen sie nach dem gemeinsamen Sport noch zusammensaßen. Nur – das Klavierspiel blieb auf der Strecke, und selbst ihr „heiliger“ Mittwochabend, an dem sie sich seit über einem Jahr mit einem flöte- und einem geigespielenden Freund zum Musikmachen getroffen hatte, entfiel schließlich. Eine Zeitlang hatte sie den Klavierunterricht und den Musikabend am Mittwoch noch aufrechtzuerhalten versucht, doch je schlechter vorbereitet sie erschien, um so enttäuschter reagierten Lehrerin und Freunde – und so gab sie am Ende ganz auf. Sie war nicht sonderlich unglücklich darüber, schließlich hatte sie ja nicht nur etwas verloren, sondern auch etwas dazugewonnen. Doch als ihr Freund für seine Firma eines Tages ziemlich Hals über Kopf für ein halbes Jahr ins Ausland mußte, da fiel sie unversehens in ein Loch: Die neuen Bindungen zu seinen Sportsfreunden waren noch nicht stabil genug, als daß sie auch ohne ihn an deren Treffen und Aktivitäten hätte teilnehmen mögen. Und die alten Kontakte zu den Musikfreunden waren empfindlich gestört.

Geschichte Nummer zwei: Er ist Chefdekorateur in einem Kaufhaus und leidenschaftlicher Angler. Seine neue Freundin fand seine Sportfischerei „ausgesprochen blöd“ und brachte ihn dafür ins Kino, wann immer ihre gemeinsame Zeit es erlaubte. Er ließ sich nur zu gern „abschleppen“, erstens weil er seiner neuen Liebe nah sein wollte und zweitens, weil sie sich als exzellente Kennerin der Filmkunst erwies und er von ihrem Wissen gern profitierte. Im Glücksrausch des neuen Wir-Gefühls merkte er zunächst auch gar nicht, wie ihm alte Bindungen und Freundschaften aus der Anglerszene entglitten. Der Gedanke „Ein glückliches Paar macht alles gemeinsam“ war derart in ihm verankert, daß ihm auch nur gelegentliche getrennte Wege – einerseits ins Kino, andererseits zum Angeln – gar nicht in den Sinn gekommen wären. Bis ihm eines Tages bewußt wurde, daß ihm etwas sehr Wichtiges verlorengegangen war: die Quelle seiner Gelassenheit und Ruhe, die ihn in seinem hektischen, ihm immer von neuem Kreativität und Witz abverlangenden Beruf so erfolgreich hatte sein lassen. Denn die besten Einfälle waren ihm tatsächlich gekommen, wenn er mit ausgeworfener Angel, scheinbar dösend, am See gesessen hatte.

Zwei ganz alltägliche Geschichten von freiwilliger Unterwerfung um der Liebe willen. Keine dramatischen Geschichten, weil in beiden Fällen gerade noch rechtzeitig erkannt wurde, daß der Verzicht auf eigene Interessen zuweilen zu schmerzlichen, ja gefährlichen Defiziten führen kann. Und daß man, wenn es passiert ist, schleunigst zusehen sollte, das erloschene Eigenleben neu zu erwecken.

Schlimmer allerdings wird es, wenn derartige verengende Fehlentwicklungen weder von ihr noch von ihm gesehen werden, so daß es eines Tages womöglich zu spät ist, gegenzusteuern. Um das Problem zu verdeutlichen, bemühen wir ruhig einmal unsere Phantasie – und stellen uns zwei gleich große Kreise vor. Der eine Kreis symbolisiert die Frau, der andere den Mann. Im Augenblick des Sichverliebens streben die beiden Kreise aufeinander zu, berühren sich und decken sich dann schließlich *teilweise* ab. Und nur diese Überlappung ist die gemeinsame Welt des neuen Liebespaares. Sie kann größer oder weniger groß sein, je nach der Intensität der gegenseitigen Anziehung, der Anzahl der gemeinsamen Interessen, der Ähnlichkeit oder Verschiedenartigkeit des Lebensgefühls. (Auch ist das „Volumen" der gemeinsamen Lebenswelt nicht etwa statisch, es kann sich vielmehr im Lauf einer Liebesbeziehung vergrößern oder verkleinern.) Noch aber ist die gemeinsame Welt vollkommen unerforscht – und schon deshalb erregend bis zur Atemlosigkeit. In der ersten Verliebtheit gehört ihr unser uneingeschränktes Interesse, alles ringsum verblaßt, entgleitet. Und dennoch – sie ist nicht alles, ist nicht das ganze Leben. Bleiben wir bei unserem Bild: Im Zentrum liegt die neue gemeinsame Welt, rechts und links daneben aber erstrecken sich nach wie vor ihre Welt und seine Welt. In den meisten Fällen ist der eigene Bereich mindestens genauso groß wie der gemeinsame – weil auch der passendste Partner eben doch nur einen Teil der Welt beziehungsweise der Bedürfnisse des anderen abdecken kann.

Dies vor Augen, wird deutlich, welche Persönlichkeitsreduzierung stattfände, würde man nun nur noch der gemeinsamen Welt Beachtung schenken und die eigene (zugunsten der gemeinsamen) vernachlässigen oder gar ganz aus dem Blick verlieren. Die Folgen liegen auf der Hand: Die Persönlichkeit schrumpft, verliert an Facetten, wird durchschaubarer, langweiliger, flacher und büßt notgedrungen an Anziehungskraft ein.

Als man sich kennenlernte, hatte man es ja noch: das eigene Lebenskonzept, sprich: eigene Vorstellungen, Pläne, Träume, Interessen, Freunde, mit denen man angeln ging oder sonstwas tat. Und wenn der neue Partner auch nicht alle Vorstellungen und Interessen teilen mochte, so war er doch mit der Summe all dessen – der Person nämlich, die dahinterstand – überaus einverstanden. Hätte er sich sonst so stürmisch verliebt?

Fazit: Sowohl in die gemeinsame wie auch in die jeweils eigene Welt muß investiert werden. Mit dem Ziel, daß beide Partner sich weiterentwickeln können – *und* ihre Beziehung ein „Raum" bleibt, in dem beide sich innig aufgehoben und geborgen fühlen.

Daß es ziemlich schwierig ist, diese Balance zu halten, läßt sich an der großen Anzahl derer ablesen, die trotz besten Willens kläglich daran scheitern. Ein erster Schritt ist, sich klarzumachen, daß „sich nie mehr trennen" und „alles gemeinsam tun" mit ziemlicher Sicherheit nicht der Himmel, sondern der Anfang vom Ende sein wird. Ein zweiter ist das Bemühen, die Erfahrungen, die man getrennt vom anderen gemacht hat, zumindest teilweise in die gemeinsame Welt einmünden zu lassen – zu ihrer Auskleidung, ihrer Behaglichkeit, ihrem Schmuck. Aber eben auch, damit sie interessant, spannend und voller Überraschungen bleibt.

5. FALLE

Die Liebe entschädigt für alles

Frauen neigen ganz besonders dazu: Häufiger noch als Männer versuchen sie, sich über Mißerfolge hinwegzutrösten, indem sie sich – oder auch anderen – sagen: Das klappt nicht? Ach was soll's! Ich habe ja *ihn*! Da quittiert eine begabte junge Frau, die ihr unter fadenscheinigen Begründungen vorenthaltene Beförderung mit den Worten: „… dafür *heirate* ich nächste Woche!" Sicher würde sie jeder aus vollem Herzen zu ihrer Hochzeit beglückwünschen, nur: Was hat eine bevorstehende Hochzeit mit einer vorenthaltenen Karriere zu tun? Hier werden zwei Dinge zueinander in Beziehung gesetzt, die man besser säuberlich voneinander getrennt behandelt.

Oder die Frischverheiratete, die die Lieblosigkeit ihrer Eltern gegen die Liebe ihres Mannes aufrechnet – und sich tröstet: Unterm Strich wiegt die Liebe meines Mannes den Kummer über meine Eltern mehr als auf. Oder die Enttäuschung über die Freundin, die plötzlich nichts mehr von sich hören läßt, der Zorn auf den Bruder, der um eines schnöden Vorteils willen lügt – für all das soll Liebe entschädigen? Die Liebe als Müllabladeplatz. Die Liebe als Zufluchtsort. Die Liebe als Ersatz für beruflichen Erfolg, für gute Beziehungen zu Familienangehörigen, Freunden und Kollegen, als Ersatz womöglich auch für das beherzte Wahrnehmen der eigenen Interessen, für persönliche Weiterentwicklung …

Genau hier liegt der Haken, tickt die Zeitbombe. Denn wer die Liebesbeziehung derart in den Mittelpunkt rückt, wem alles übri-

ge schal und bedeutungslos wird, der begeht gleich zwei gravierende Fehler auf einmal. Er begeht sie im Namen der Liebe, zugegeben, doch das rettet ihn nicht vor den Folgen.
Der erste Fehler: Die Liebe wird hoffnungslos überfrachtet, und das nicht selten so nachhaltig, daß sie schließlich unter der Last zusammenbricht. So manches Kuschelpärchen, das sich allzulange aus der Welt zurückzieht – sprich: im Beruf auf Sparflamme geht und sich gegenüber der Familie und den Freunden totstellt –, erlebt, wenn die Kuschelphase langsam zu Ende geht, ein böses Erwachen. Im Job ist fürs erste der Zug abgefahren, und Familie und Freunde haben sich ihrerseits zurückgezogen, stehen jedenfalls nicht zur Verfügung, um das plötzlich spürbar gewordene Defizit an sozialen Kontakten von heute auf morgen wieder auszugleichen. Das Pärchen schaut sich an – und ist sich unversehens fremd geworden. Die Geborgenheit, die sie beide bis gestern noch wohlig umschloß, ist jäh zerbrochen. Groll gegeneinander baut sich auf. So war das Ganze denn doch nicht gemeint gewesen!
Gern wird das Bild vom „sicheren Hafen der Liebe" beschworen: die Liebe als schützender Hort vor den Unbilden des Lebens. Das Bild ist vielleicht gar nicht so falsch. Doch greift es letztlich nur, wenn auch das wilde, offene Meer befahren wird – ohne das der schützende Hafen seinen Sinn verliert, zur Farce wird. Und – um im Bild zu bleiben – der Aufenthalt im Hafen ist ja niemals Dauerzustand. Die Zuflucht hinter der Mole ist vielmehr der Ort, um auszuruhen, Atem zu schöpfen, aufzutanken, um von neuem aufzubrechen.
Der zweite Fehler: Wer sich allzusehr auf die Liebe verläßt, wer allzu häufig Trost und Kraft aus ihr schöpfen will, der gerät leicht in Gefahr, die eigenen Kräfte erschlaffen zu lassen, bis sie schließlich gänzlich weggeschmolzen sind. Außerdem: Es funktioniert sowieso nicht! Ein Phänomen aus jüngster Zeit mag das verdeutlichen: Als Anfang der achtziger Jahre hierzulande die Arbeitslosigkeit drastisch zunahm und der Kampf um die Arbeitsplätze erheblich härter geführt wurde als in den Jahren zuvor, registrier-

ten Psychologen und Soziologen unter jungen Frauen eine zunehmende Bereitschaft, ganz auf die Karte Liebe zu setzen. Konkret: unter Preisgabe eines eigenen beruflichen Konzepts eine starke (männliche) Schulter zu suchen, an die man sich anlehnen kann, um sich das aktive Einsteigen in den komplizierter gewordenen Existenzkampf zu ersparen. Aber: Die Rechnung ging nicht auf, und so handelte es sich denn um eine Zeiterscheinung von nur sehr kurzer Dauer. Doch beruht ihre Flüchtigkeit nicht etwa darauf, daß sich die Situation auf dem Arbeitsmarkt seitdem sonderlich entspannt hätte – die Frauen mußten vielmehr (neuerlich) erkennen, daß es die starke männliche Schulter zum Anlehnen nicht gibt, gar nicht geben kann. Zumindest nicht in punkto Existenzkampf, da hier die Männer den gleichen oder doch sehr ähnlichen Schwierigkeiten ausgesetzt waren (und sind) wie die Frauen.

Das Verhängnisvolle ist, daß es sich häufig gar nicht um ein bewußtes Vorgehen handelt, daß es vielmehr eine Art Sog ist, der bewirkt, daß man sich fallenläßt. Da ist nicht unbedingt der Gedanke: „Ab jetzt soll er (oder sie) die Verantwortung für mich übernehmen." Es ergibt sich, weil es der einfachste Weg ist, gewissermaßen von selbst – vor allem dann, wenn der andere durch sein Verhalten die Bereitschaft dazu oder gar Vergnügen daran signalisiert, für den anderen mitzudenken, aufzukommen. Frauen, wie gesagt, sind besonders anfällig dafür, sich ihrem Partner anheimzugeben, mit Haut und Haar und unter Preisgabe ihres eigenen Lebenskonzepts. Ehe sie sich's versehen, sitzen sie dann in der Falle.

Wir kennen doch alle die Frau, die ihren interessanten Job und sämtliche beruflichen Kontakte aufgibt, um ihrem Mann oder ihrem Freund ins Ausland zu folgen. Sie bricht mit der Familie, brüskiert ihre Freunde, setzt alles auf eine einzige Karte, die Karte der Liebe. Bis die Beziehung scheitert. Dann dauert es Jahre, bis sie wieder eine befriedigende Arbeit gefunden und neue soziale Kontakte geknüpft hat. Das Schmerzlichste für sie aber ist die

Erkenntnis, daß die Liebe an der Überfrachtung, an der Ausschließlichkeit, mit der auf sie gesetzt wurde, erstickt ist.
Nochmal zurück zu der starken männlichen Schulter, an die sich Frauen so gerne anlehnen. Männer tun das, umgekehrt, übrigens mit gleicher Wonne. Und dagegen ist natürlich auch gar nichts einzuwenden; jedenfalls dann nicht, wenn einmal er und einmal sie die starke Schulter für den anderen bereithalten; wenn einmal er und einmal sie sich bei dem anderen ausweinen können – um sich dann allerdings möglichst rasch wieder auf die eigenen Füße zu stellen. So köstlich es zeitweise sein mag, für den Partner „alles" zu sein – auf die Dauer ist es nur schwer erträglich. Das ist die eine Seite. Die andere: Wer allzu rasch aufgibt, weil er denkt: „Auf die Liebe kommt es an und auf sonst gar nichts!", dessen Fähigkeiten, sich im Beruf oder auch gegenüber Familie und Freunden zu behaupten, erlahmen. Es gelingt ihm unter diesem Vorzeichen nicht (kann ihm nicht gelingen!), eigene Projekte durchzuziehen. Seine Brillanz kriegt trübe Stellen und erlischt schließlich ganz. Damit ist auch das Ende der Liebe vorprogrammiert – wegen Glanzlosigkeit und Mangel an Substanz.

2 Die Umerziehungs Phase

Zwei raufen sich zusammen

»So sitzen sich denn nun zwei gegenüber, die – selbstverschuldet – Federn lassen mußten und sich das erstmal gründlich übelnehmen.«

Je näher sich zwei Menschen kennenlernen, je mehr sie voneinander wissen, um so mehr Realität greift Raum. Und irgendwann kommt es auf – ganz unabhängig von der Tiefe der Gefühle –, daß sich zwei voneinander verschiedene Menschen begegnet sind und nicht zwei, die sich in fast allem ähneln. Irgendwann kommt es auf, daß sie unterschiedliche Bedürfnisse haben, unterschiedliche Vorlieben und Abneigungen. Daß in ein und demselben Augenblick der eine frohgestimmt und der andere übelgelaunt sein kann; der eine voller Tatendurst in die Startlöcher geht, während sich der andere lustlos davonstiehlt. Die Verschiedenartigkeit, die Andersartigkeit des Partners zu erkennen, ist oft ein Schock. Und der Anfang der sich nun täglich mehr verdichtenden Gewißheit, daß auch in einer „Traumbeziehung“ – wider alles Erwarten – dem Paar nichts in den Schoß fallen wird. Bis dahin hatte man geglaubt, man könne sich weiter in den alten vertrauten Verhaltensmustern bewegen, da der andere die eigene Sicht der Dinge ja bis aufs I-Tüpfelchen teile. Nun türmt sich unerwartet Neues, Fremdes auf. Fremdes aber macht immer auch Angst. So ist der Mensch nun mal beschaffen. Dabei ist die Realität im Normalfall ja keineswegs sonderlich unerfreulich, geschweige denn (objektiv) bedrohlich. Ganz im Gegenteil: Er und sie sind fröhliche, aktive Menschen, die gemeinsam eine Menge vorhaben. Nur: Jeder hat seinen eigenen Kopf und eigene Vorstellungen, wo es langgehen soll.

An dieser Stelle setzt die Umerziehungsphase ein. Hinter diesem eher schmucklosen Begriff verbirgt sich ein wahrhaft dramatischer Prozeß – an dem denn auch knapp achtzig Prozent der Liebespaare scheitern. Das heißt, sie gehen auseinander – noch ehe aus Verliebtheit Liebe werden konnte.

In der Umerziehungsphase passieren im wesentlichen zwei Dinge. Erstens: die Entzauberung des Partners. Zweitens: der Versuch, den entzauberten Partner so umzugestalten, daß er dem Bild, das man sich zu Beginn der Liebe von ihm gemacht hat, zumindest nicht gänzlich unähnlich wird (auf daß die eigene Geborgenheit im Vertrauten erhalten bleibe).

In der „Faszinationsphase“, in der ersten atemlosen Verliebtheit, wenn wir noch so gut wie nichts von unserem neuen Partner wissen, geschieht bekanntlich etwas, das

diese Beziehung prägen wird, solange sie dauert. Aus den wenigen und bruchstückhaften Informationen, die uns zu diesem Zeitpunkt zur Verfügung stehen, zaubern wir, ohne mit der Wimper zu zucken, einen *ganzen* Menschen, einen Menschen nach *unserem* Bilde, einen Menschen, an dem wir uns berauschen – wie in den vorangegangenen Kapiteln beschrieben. In gleichem Maße aber, wie die neuen Partner sich im Laufe der Zeit genauer kennenlernen, beginnt dieses wunderbare Bild zu bröckeln. Und es stellt sich Schritt um Schritt heraus, daß der andere „anders" ist. Anders als das Bild, das wir uns von ihm gemacht haben. Und je euphorischer, phantasievoller und naiver wir beim Ausmalen des Bildes zu Werke gegangen waren, je höher das Podest, das wir für unseren Liebsten gezimmert haben, um so ärger seine Demontage. Der strahlende Held wird zur Jammergestalt. Und haben wir bislang zu ihm aufgeschaut, so gucken wir jetzt auf ihn hinunter: auch nur so einer, der seine Klamotten nicht wegräumt, sich vorm Küche-putzen drückt, vor seinen Vorgesetzten buckelt und bei jedem Schnupfen seinen sicheren Tod prophezeit.
Wie wir unseren Partner für soviel Enttäuschung bestrafen, ist (manchmal) schrecklich. Das reicht von mildem Belustigtsein bis zu gnadenloser Verachtung. Wir können gar nicht aufhören, unseren Freudinnen brühwarm zu berichten: „Und stell dir vor – da klingele ich zur verabredeten Zeit an seiner Tür, um ihn zum Picknick abzuholen, und er liegt noch im Bett! Eine geschlagene Dreiviertelstunde mußte ich warten, bis der Herr endlich aus dem Bad kam!" Das leise Unverständnis der Freundinnen über soviel Empörung wegen einer derart läßlichen Sün-

de nehmen wir gar nicht wahr. Je herber unsere Desillusionierung, um so ausgeprägter und beharrlicher ist unsere Selbstgerechtigkeit.
In Wirklichkeit aber saß der, um den es hier geht, zu keinem Zeitpunkt auf einem güldenen Thron, noch liegt er jetzt vor uns im Staube. Er sitzt uns vielmehr gegenüber. Und da saß er immer. Von Anfang an. *Wir* waren es, die ihn in unserer Verliebtheit erhöht haben, um ihn bewundern, umgirren und umgurren zu können. *Wir* bestanden in unserer Sehnsucht nach vollkommenem Gleichklang geradezu unerbittlich darauf, daß wir nie zuvor jemand begegnet seien, der uns so restlos verstand, der mit so viel Sensibilität auf uns einging, so genau den Ton traf, der uns gebührt. Sollen wir ihm jetzt verübeln, daß er unsere Bewunderung nicht entschiedener abwehrte, daß er nicht rigoroser auf die Realität verwies – ausgerechnet ihm, der ja, umgekehrt, in gleicher Weise in uns die Göttin erblickte – und nun damit fertigwerden muß, daß wir auch nur mit Wasser kochen?
So sitzen sich denn nun zwei gegenüber, die, selbstverschuldet, Federn lassen mußten – und sich das erstmal gegenseitig gründlich übelnehmen.
Vielleicht hilft es ein bißchen, sich zu vergegenwärtigen, daß die eigene Enttäuschung, Empörung, Ratlosigkeit angesichts dieses fremden Wesens da an unserer Seite in der Enttäuschung, Empörung, Ratlosigkeit des anderen ihr Pendant findet. Denn der andere unterlag während der Faszinationsphase ja genau denselben Mechanismen wie man selber. Sehr souveräne Paare schaffen es jetzt, gemeinsam darüber zu lachen – und so solidarisch wie möglich das Beste daraus zu machen. Doch auch bei

ihnen werden die Fetzen fliegen, das liegt in der Natur der Sache. Es ist sehr schwer, hinnehmen zu müssen, daß der neue Partner anders ist als das Bild, das wir uns von ihm gemacht hatten. Das Bild ist einfach zu schön, um es klaglos, kampflos drangeben zu können. Wir fühlten uns am Ziel all unserer Wünsche – um nun erkennen zu müssen, daß wir noch ganz am Anfang stehen. Sichzusammenraufen ist angesagt.
Und nun beginnt der bereits erwähnte Schlagabtausch: das Bemühen beider Partner, zu retten, was noch zu retten ist – den jeweils anderen also umzuerziehen, um ihm so gewissermaßen durch die Hintertür doch noch den eigenen Stempel aufzudrücken. Daß dieser Versuch scheitern wird – weil wir Menschen uns allenfalls an den „Rändern" unseres Wesens verändern können, nicht aber in seinem Kern und auch nicht unserem Allerliebsten zuliebe! –, das wissen die beiden Kontrahenten zunächst nicht. Oder wollen es nicht wissen. Viele dringen auch gar nicht bis zu dieser Erkenntnis vor, weil sie bereits vorher aussteigen, um sich neue Partner zu suchen, die „besser zu ihnen passen". Dann, so hoffen sie, würde ihnen vielleicht die so schmerzliche Entzauberung erspart bleiben. Daß das ein frommer Wunsch ist und sonst gar nichts, liegt auf der Hand. Weil in jeder Beziehung, je länger sie dauert, das reale Wesen des Partners immer klarere Konturen annimmt.
Die Umerziehung kommt in vielerlei Verkleidungen daher. Sie tritt als Schmeichlerin auf: „In dem Seidenjacket siehst du zauberhaft aus …" Auf diese Art soll vielleicht ein robuster Jeanstyp auf elegant umgestylt werden. – Oder als Erpresserin: „Wenn du mich wirklich

liebst, dann verzichtest du heute abend aufs Fußballspielen und gehst mit mir ins Theater …" Tja, was soll man darauf erwidern! Wahrscheinlich wird der so Angesprochene mit ins Theater gehen, aber eben nicht aus freien Stücken, sondern gezwungenermaßen – und das wird er sich und dem anderen nicht verzeihen. Der Konflikt ist vorprogrammiert. – Der Umerziehungsversuch kann auch als Drohung daherkommen: „Wenn du mich in dieser Sache nicht unterstützt, dann kannst du in jener auch nicht mit mir rechnen." – Oder als Hilfsangebot: „Ich bin dir gern beim Ordnen deiner Papiere behilflich." Sicher, das könnte auch einfach nur nett gemeint sein, doch wahrscheinlicher ist, daß hier ein extrem Penibler die Sorglosigkeit seines Partners im Umgang mit Krankenkasse, Geld, Versicherungen usw. nicht erträgt. Und nun will er ihm via Schützenhilfe die eigenen Ordnungsvorstellungen nahebringen, wenn nicht sogar aufzwingen. – Schon fast irrational oder zumindest absurd klingen Knebelungsversuche dieser Art: „Bitte, gähne nicht so ausgiebig." Oder: „Geh nicht so langsam", „geh nicht so schnell", „iß den Salat nicht nach, sondern vor der Hauptmahlzeit, das ist gesünder" … – Der schlimmste, fruchtloseste und leider trotzdem häufige Umerziehungsversuch gerät gar zu purer Beschimpfung und böser Häme: „Deine Unordnung ist widerwärtig, deine Faulheit unerträglich, du hättest dich mal sehen sollen, welch lächerliche Figur du abgabst mit deinem Diskussionsbeitrag …" Die erbarmungslose Rigorosität, die hier an den Tag gelegt wird, signalisiert (mindestens) zweierlei: Einerseits das Maß der Enttäuschung darüber, daß der andere dem Bild, das wir uns von ihm gemacht haben, nicht entspricht. Und zum anderen unser nur äußerst schwach ausgebildetes Vermögen, über unseren eigenen Schatten zu springen, sprich: auch mal von uns selber abzusehen und die Sichtweise des Partners als eine zwar andere, aber durchaus gleichwertige neben der eigenen bestehen zu lassen.

Jeder Mensch hat seine eigene „Logik", seine eigene Weltsicht, sein eigenes Lebensgefühl. Das ist eine Tatsache, an der es nichts zu drehen und zu deuteln gibt – und die auch von niemandem ernsthaft angefochten wird. Die eigene „Logik", die eigene Weltsicht, das eigene Lebensgefühl fallen natürlich nicht wie von ungefähr vom Himmel – sie sind vielmehr Ergebnis aller seit frühester Kindheit gemachten Erfahrungen und der ganz persönlichen Art und Weise, auf diese Erfahrungen zu reagieren. Wer sein Leben einigermaßen im Griff hat, darf sicher mit Fug und Recht behaupten, er verhalte sich „richtig", sprich: den eigenen Möglichkeiten angemessen. Und selbst, wer sich im Leben schwertut, sich also eigentlich tunlichst anders verhalten sollte, kann sein Verhalten nicht von heute auf morgen durch ein neues, anderes ersetzen. (Warum das so ist, steht im nächsten Kapitel.)

Das höchst Eigenartige ist nun, daß viele Menschen – so klug und tolerant sie ansonsten auch sein mögen – ihre eigenen Sicht- und Verhaltensweisen für die „richtigeren" halten. Jedenfalls für „richtiger" als die des Partners. Also: Wer es sein Leben lang für „richtig" befand, unmittelbar nach der Mahlzeit das Geschirr abzuräumen und in die Geschirrspülmaschine einzuordnen, der hält es folgerichtig für „falsch", nach dem Essen über den schmutzigen Tellern weiterzudiskutieren und das Abräumen auf den Zeitpunkt zu verschieben, da man ohnehin vom Tisch aufsteht. Von außen betrachtet sind beide Verhaltensweisen gleich „richtig“ (oder gleich „falsch“), ja, es ist sogar in höchstem Maße unerheblich, ob auf diese oder auf jene Weise verfahren wird. Im wirklichen (Liebes-)Leben aber können gegensätzliche Sichtweisen selbst anläßlich solch banaler Fragen wahre Erdrutsche auslösen. Taufrisch verliebt sieht man es dem anderen noch nach, wenn er „falsch“ mit den Tellern umgeht. Nun aber, im neuen, klaren Wissen um die Verschiedenartigkeit, stellen sich die Dinge anders dar. Das Andersartige wird zur Bedrohung des eigenen Ichs, tritt in Konkurrenz zum eigenen Lebensentwurf. Was ist mehr wert: Meine Spontaneität oder seine Besonnenheit? Meine Ordnungsliebe oder seine Lässigkeit? Den gesamten Großeinkauf auf einmal die Treppen hochzuschleppen oder ihn in zwei Etappen hinaufzutragen? Schon die beliebig austauschbaren und/oder belanglosen Fragestellungen machen deutlich, daß es oft gar keine eindeutige Antwort geben kann. Weil beide Möglichkeiten letztlich gleichwertig sind; weil die jeweilige Situation darüber entscheidet, ob dieser oder jener Version der Vorzug zu geben ist, weil es von der Wesensart der jeweils handelnden Person abhängt, ob diese oder jene Verhaltensweise die „richtige“ ist. Womit wir wieder beim entscheidenden Punkt sind: der (zunächst) so schwer erträglichen Andersartigkeit des Partners.

Das Eigenartige ist, wie gesagt, daß jeder überzeugt ist, *er* habe recht und der andere unrecht. Die eigene „Logik“ soll sich mit der des anderen decken (womit mir erspart bliebe, mich meinerseits ändern zu müssen). Und nun

beginnt der Kampf um die Macht (häufig genug um des Kaisers Bart). Was unter Freunden meist noch recht locker und spielerisch ausgehandelt oder auch achselzuckend unter Geschmackssache abgebucht werden kann, das gerät in einer Liebesbeziehung nur allzu leicht zu zermürbendem Ringen. Ziel beider ist es, den jeweils anderen dazu zu veranlassen, ihm oder ihr die „richtige" Verhaltensweise zuzubilligen. Das klappt natürlich (meistens) nicht; und schon gar nicht, wenn auf der Hand liegt, daß ihrer beider Verhaltensweisen zwar verschieden, aber im Prinzip gleichwertig sind.
Die Umerziehungsphase aber birgt weiteren Zündstoff in sich: Die sich allmählich einstellende Realität, der schmerzhafte Abschied von Rausch und Traum fördern ja nicht nur die Andersartigkeit des Partners zutage – die Entzauberung der/des Geliebten findet auch insofern statt, als tatsächliche Defizite nun nicht länger amüsiert hingenommen und liebevoll toleriert werden können. Im Gegenteil, man ärgert sich nicht selten bis zur blanken Wut, faßt sich an den Kopf, kann es gar nicht begreifen – aber es stimmt: Der andere *ist* schlampig, allzu pedantisch, träge, vorschnell, mundfaul, schwatzhaft. Doch, wie gesagt, der erhobene Zeigefinger, auf den jeweils anderen gerichtet, weist ins Leere.
Übrigens – damit hier kein Mißverständnis entsteht: Selbstverständlich passiert es, daß mal der eine und mal der andere mehr von einer Sache versteht und infolgedessen den Ton angibt. Auch ist es natürlich nur zu begrüßen und geradezu notwendiger Bestandteil der Liebe, wenn man bestimmte Unarten, die den anderen nerven, abzulegen versucht. Schließlich wurde die Beziehung ja

(auch) eingegangen, um aneinander zu wachsen. Nichts also gegen den edlen Wettstreit, bei dem es darum geht, sich selber weiterzuentwickeln und den anderen zu fördern – alles aber gegen den unsinnigen Kampf ums bloße Rechthaben. Weil der jegliche Weiterentwicklung blokkiert – und am Ende auch die Liebe tötet.

In der Umerziehungsphase findet ein Lernprozeß statt. Er führt dann zum Erfolg, wenn er und sie aufhören, aneinander herumzuerziehen, wenn sie lernen, faire Kompromisse zu schließen, die Meinung des anderen zu achten. Und ihn so zu lieben, wie er ist. Nicht das Bild von ihm, sondern ihn selbst. So, wie er da die Straße entlangkommt, mit offenem Mantel, das Haar windzerzaust, mit dem scheußlichen grünen Hemd, das ihm aber nun mal nicht abzugewöhnen ist, und der ewigen Zeitung unterm Arm. Das ist er. Für jeden anderen ein unauffälliger, beliebiger (junger) Mann. Aber nicht für die, die ihn liebt!

1. FALLE

Wenn er mich liebt, ändert er sich

Er genießt es, am Sonntag im Bademantel zu frühstücken. Sie legt Wert darauf, tipptopp angezogen am Frühstückstisch zu erscheinen. Auf ihre Vorhaltungen hin beharrt er darauf: „Der Kaffee schmeckt mir aber nur so." (Im Bademantel nämlich.) Und sie erklärt wiederum: „Mir aber nur so." (Tipptopp angezogen.)

Ein anderes Paar: Sie findet es höchst lächerlich, seines weißen Teppichs wegen die Straßenschuhe auszuziehen. Er findet es höchst lächerlich, die Straßenschuhe anzubehalten – und damit zu riskieren, alle naselang eine Teppichreinigung bezahlen zu müssen. „Barfußgehen ist sowieso gesünder", sagt er.

Das dritte Paar: Er führt sie gern in exquisite Lokale – auch wenn er wenig Geld hat und sie am Monatsende wahrscheinlich wieder wird anpumpen müssen. Zwar hat er ihr bislang das geliehene Geld immer pünktlich zurückgezahlt, doch fühlt sie sich nicht wohl bei der Sache. Sie zieht bescheidenere, ihren finanziellen Verhältnissen angemessenere Lokale vor, hält sein Verhalten für kindische Aufschneiderei. Er lacht nur über ihre Vorwürfe. „Komm, mach dich schön", sagt er, „laß uns das Leben doch einfach genießen!"

Drei beliebige Szenen aus dem Alltag dreier Paare, deren Liebe ihren allerersten Schmelz bereits eingebüßt hat. In der Faszinationsphase hätten die Partner noch ganz selbstverständlich gleichgezogen, auch wenn einer der beiden gegen seine Gewohnheit hätte handeln müssen. Zumindest wäre die Meinung oder Verhaltensweise des anderen mit Interesse zur Kenntnis genommen, amüsiert geduldet, vielleicht sogar bewundert worden. Das ist inzwischen anders geworden. Die Unterschiede werden registriert – und als störend empfunden.

Auf den ersten Blick erscheinen die hier angesprochenen Konflikte völlig belanglos, doch ist der in ihnen enthaltene Zündstoff beträchtlich. Sehen wir die Szene Nummer eins, das Frühstück. Beide freuen sich darauf. Schließlich ist es das einzige in der Woche, für das man sich Zeit nehmen kann, das, wenn's denn sein soll, drei Stunden dauern darf. Noch schöner als das Frühstück am Samstag. Da muß dann doch immer mindestens einer losstürzen, um bis Mittag einzukaufen oder die Sachen aus der Reinigung zu holen. Am Sonntag hingegen drängt nichts. Und doch trübt eine kleine blinde Stelle das Glück. Das ist sein Bademantel. Wenn er wenigstens den eleganten angezogen hätte, den sie ihm zum Geburtstag geschenkt hat. Aber nein, es muß natürlich der sein, den ihm seine Großmutter mitgab, als er nach dem Abitur in die Großstadt studieren ging. Was gut und gern zwölf Jahre her sein dürfte. „Verzeih mir", sagt er, als er ihr enttäuschtes Gesicht sieht, „aber diesen hier lieb' ich. Der gehört einfach zu mir, der erinnert mich an tolle Zeiten ..." Auch das noch! „An tolle Zeiten?" fragt sie spitz, „heißt das, daß du die Zeiten jetzt nicht mehr so toll findest ...?" Sein heftiges Wehren nützt ihm gar nichts. Sie, ohnehin gekränkt ob ihres erfolglosen Umerziehungsversuchs (schließlich war „ihr" Bademantel auch nicht ganz billig gewesen!), kann es ihm jetzt heimzahlen: „Aha, so ist das also, es gefällt

dir nicht mehr mit mir. Du sehnst dich nach vergangenen Zeiten." Eine Deutung, die wiederum ihn auf die Palme bringt. Er reagiert entsprechend heftig. Woraufhin sie in Tränen ausbricht und beleidigt die Küche verläßt. Ihm bleibt der Bissen im Halse stecken.
Ähnlich trübe endet die Sache mit dem weißen Teppich. Ihr beharrlicher Versuch, ihm ein bißchen mehr Nonchalance aufzuschwatzen, scheitert an seiner schlichten Rechnung: „Eine Reinigung pro Jahr kostet 153 Mark, zwei kosten wieviel? Aha – genau das Doppelte. Und das Geld tu' ich lieber in die Urlaubskasse." – „Spießer" befindet sie – was ihn nun veranlaßt, ihr den Rücken zuzuwenden und aus dem Fenster zu schauen. Schweigend. Als sie schließlich grußlos die Wohnung verläßt, geht er ihr nicht nach.
Am bedrückendsten aber entwickelt sich Konflikt Nummer drei: Sie kann ihm in seiner Sorglosigkeit im Geldausgeben immer weniger folgen. Statt das luxuriöse Essen zu genießen, vergnügt zu sein, zu lächeln, es sich schmecken zu lassen (was er sich dringend von ihr wünscht), sinkt ihre Stimmung mit jedem weiteren Gang und ist spätestens beim Dessert beim Nullpunkt angelangt. Als er dann auch noch ein Taxi rufen läßt, anstatt ein öffentliches Verkehrsmittel zu benutzen, macht sie auf dem Absatz kehrt und verläßt ihn in Richtung U-Bahn-Haltestelle. Statt in ihre gemeinsame Wohnung fährt sie zu einer Freundin. Er behauptet am nächsten Morgen, als sie noch rasch zu Hause vorbeikommt, um sich fürs Büro umzuziehen, er habe sie die ganze Nacht gesucht und kein Auge zugetan. Sie glaubt ihm nicht. Er sieht so frisch und ausgeschlafen aus. Er nennt sie „Spielverderberin". Sie ist viel zu aufgewühlt, als daß sie auch nur ein Wort erwidern könnte. Mit vor Aufregung und Empörung rasendem Herzklopfen – aber zugleich zutiefst ratlos – geht sie zur Arbeit.
Was ist hier los? Warum verhalten sich zwei Menschen, die ineinander verliebt sind, manchmal derart, daß Außenstehende nur noch den Kopf schütteln können? Die Gründe reichen möglicherweise tief ins Unterbewußte hinein, sind auf bestimmte Phä-

nomene in der frühkindlichen Entwicklung zurückzuführen. Wir wissen heute, daß ein Kind nur dann einigermaßen unbeschadet an Körper und Seele überleben kann, wenn es sich der Liebe der Mutter, der Beachtung durch sie (oder durch eine andere feste Bezugsperson) sicher sein kann. Bekannt ist auch, daß Kinder sich diese für sie existentiell notwendige Liebe auf jede nur erdenkliche Weise beschaffen, beschaffen müssen. Meist durch Bravsein, notfalls durch Anpassung bis zur Unterwerfung. Oder auch – wenn anders keine Beachtung durch die Mutter zu erreichen ist – durch schockierendes Verhalten. Um das zu verstehen, braucht man sich nur die Situation der Säuglinge in schlechtgeführten Heimen zu vergegenwärtigen. Untersuchungen ergaben eindeutig, daß Kinder, an deren Wohl und Wehe niemand wirklich interessiert ist, die keine Liebe und keine persönliche Zuwendung bekommen, in ihrer körperlichen und geistigen Entwicklung zurückbleiben. Im Extremfall verkümmern und sterben sie. Es geht also tatsächlich um Leben und Tod.

Kein Wunder also, daß genau die Verhaltensmuster, die einem Säugling Zuwendung und Liebe verschaffen, als positiv (weil erfolgreich) registriert, gelernt und für das ganze weitere Leben gespeichert werden. Meist bleiben diese Muster für das spätere Verhalten selbst dann bestimmend, wenn sie vom inzwischen entwickelten Intellekt als falsch erkannt werden.

Ein Kind, das die Liebe einer rechthaberischen, zänkischen Mutter nur dadurch erringen konnte, daß es immer klein beigab, sich gewissermaßen still unter den Zorneswogen wegduckte, wird auch als Erwachsener nur schwer in der Lage sein, Konfrontation zu ertragen, geschweige denn zu provozieren. Trifft es später auf einen Partner, der in der gleichen frühkindlichen Prägephase ganz andere Erfahrungen gemacht hat, ist das gegenseitige Unverständnis buchstäblich vorprogrammiert. Dieser Partner mußte möglicherweise von klein auf um Beachtung kämpfen, mit welchen Mitteln auch immer, und geht nun bei jeder sich anbahnenden Konfliktsituation entschlossen aufs Ganze. Oder er wurde früh aufs Taktieren trainiert, hat gelernt, daß Harmonie nur durch Aushandeln zu erreichen und wahres Glück nur im bewußt herbeigeführten Kompromiß zu finden ist.

Wie auch immer: Zwei Menschen, die zusammenleben wollen, bleibt es nicht erspart, zunächst einmal ihre möglicherweise sehr unterschiedlichen Verhaltens- und Bewertungsmuster zu entdekken – und zu ertragen. Leicht ist das, wie wir alle wissen, nicht. Und oft genug endet böse, was so harmlos beginnt. Da geht es, beispielsweise, um das große gemeinsame Bett. „Wohin damit?" fragt sie vollkommen arglos. Er, unbedingt darauf aus, jeglicher Konfrontation aus dem Wege zu gehen, antwortet: „Das ist mir egal." Sie, seit frühester Kindheit in sorgfältigem Aushandeln geübt, besteht auf einer einvernehmlichen, klaren Absprache. Sie plädiert für einen bestimmten Standort – und möchte nun von ihm wissen, ob er einen anderen Vorschlag hat. Er hingegen fleht: „Komm, laß uns bloß nicht streiten – es ist doch völlig gleichgültig, wo das Bett steht!" Sie: „Das Bett ist eins der wichtigsten Möbelstücke, und ich finde es keineswegs gleichgültig, wo es steht. Außerdem streiten wir doch gar nicht." Er: „Doch, wir sind ja schon mittendrin – und ich will solch einer Lappalie wegen keinen Krach haben!" Sie, fassungslos: „Aber wieso haben wir denn plötzlich Krach ...?"

Es gehört nicht viel Phantasie dazu, sich auszumalen, wie dieser Streit (der eigentlich gar keiner ist) weitergeht. Auseinandersetzungen dieser absurden Art enden nicht selten in Tränen, Türenschlagen und gegenseitigen Verwünschungen. Dabei geht es um nicht mehr und nicht weniger als um zwei verschiedene Verhaltensmuster (wobei hier der streitfähige Partner gegenüber dem streitunfähigen eindeutig die besseren Karten hat). Der eine fühlt sich ohne eindeutige Absprache nicht wohl; der andere verzichtet lieber darauf – um ja nicht Gefahr zu laufen, womöglich in Streit zu geraten. Daß er gerade dadurch unweigerlich Streit vom Zaun bricht, ist zwar die bittere Wahrheit, ihm aber dennoch (zunächst) nicht unbedingt anzulasten: denn aufgrund seiner Verhaltensmuster aus der Kindheit kann er nicht anders handeln. Zumindest solange nicht, wie er den verhängnisvollen Mechanismus nicht durchschaut. Bis dahin aber wird er panische Angst vor jeder Konfrontation haben – und zwar, weil er Liebesentzug befürchtet. Tief eingegraben in sein Unterbewußtsein ist nämlich die schreckliche Gleichung: Widerworte gegen die Mutter = Abkehr der Mutter = Mangel an Liebe und Nahrung = Tod.

Das Fatale ist, daß der Mechanismus, von dem hier die Rede ist, unbewußt abläuft. Was fast zwangsläufig zur Folge hat, daß er nicht relativiert, sondern verabsolutiert wird. Das heißt: Jedem anderen, und speziell dem Partner, wird in aller Unschuld und im besten Glauben abverlangt, daß er doch sinnvollerweise ähnlich denken, fühlen und handeln möge. Daß er nichts Besseres, weil Vernünftigeres tun könne, als der „Verhaltenslogik" zu folgen, die man selbst in frühester Kindheit erworben hat. Der Grund dafür, daß dies mit solcher Inbrunst, solcher oft wütenden Verzweiflung geschieht, ist Angst. Angst davor (und die leise Ahnung davon), daß die eigenen Verhaltensmuster vielleicht doch nicht die einzig wahren sein könnten und deshalb möglicherweise überprüft und aufgegeben werden müßten. Ungeachtet dessen versucht zunächst nahezu jeder, den anderen – um angstfrei mit ihm umgehen zu können – auf die eigene Seite herüberzuziehen. Sehr oft unter der entwaffnend selbstgerechten Formel „Ich weiß schon, was gut für uns beide ist" und gipfelnd in der nun fast schon erpresserischen Forderung „Und wenn du mich liebst, dann änderst du dich mir zuliebe!"

Genau darum aber geht es auch in den drei anfangs beschriebenen Situationen. Ob sich jemand an der Aufmachung stört, mit der der Partner zum Sonntagsfrühstück erscheint; ob jemandem die Art und Weise gegen den Strich geht, wie der andere mit seinem Teppich umgeht oder wie er sein Geld ausgibt – immer richtet sich das Verhalten des anderen gegen das eigene Modell. Als sei es damit nicht genug, entbehrt die Sache auch nicht einer gewissen Tragik. Schließlich hat man sich in den anderen ja nicht nur der

Übereinstimmung wegen verliebt – sondern auch immer um seiner Andersartigkeit, seiner aufregend fremden Eigenschaften und Wesenszüge willen. Ohne sich dessen bewußt zu sein, fühlte man sich *auch* deswegen zu ihm hingezogen. Beispielsweise, weil er die Lässigkeit, die Sorglosigkeit, den Optimismus, die Spontaneität, die Ordnungsliebe, Zuverlässigkeit und Gradlinigkeit besitzt, die man an sich selber vielleicht vermißt. Ja, gerade auch diese „anderen" Eigenschaften und Wesensmerkmale hatte man während der Faszinationsphase glühend bewundert – um sich nun, kaum ist der erste Rausch verflogen, heftigst daran zu reiben.
So unbegreiflich, wie das vielleicht auf den ersten Blick erscheint, ist das übrigens gar nicht. Weil nahezu jede zunächst ausschließlich positiv erscheinende Eigenschaft immer auch ihre negative Komponente hat. Und umgekehrt: Vielleicht waren es gerade seine herzhafte Fröhlichkeit, seine flotten Sprüche, um die er nie verlegen ist, die sie für ihn eingenommen hatten. Und jetzt macht es sie rasend, wenn er morgens, während sie noch traumverloren im Bett liegt, fröhlich pfeifend durch die Wohnung lärmt. Und der Frau, die zunächst gerade wegen ihrer Sanftheit, ihrer Nachgiebigkeit, ihrer Zurückhaltung so heftig begehrt worden war, kann es durchaus passieren, daß ihr Partner ihr über kurz oder lang genau diese Wesenszüge zum Vorwurf macht und von ihr verlangt: „Sei nicht so lahm, raff dich auf, sag was, tu was!"
Ein kleiner Trost: Die Unerbittlichkeit, mit der nun beide versuchen, ihr eigenes Denk- und Lebensmodell durchzusetzen, ist *auch* ein Indiz dafür, wie nahe sie sich sind. Mit anderen Menschen würde man nicht derart rigide kämpfen. Wenn diese im Bademantel frühstücken wollen – aber bitteschön! Wenn diese mich auffordern, dem weißen Teppich zuliebe die Schuhe auszuziehen – geschenkt! Und wenn diese darauf bestehen, mich in ein teures Restaurant einzuladen, obwohl sie sich das eigentlich gar nicht leisten können – das ist nun wirklich ihr Problem!
In der Partnerschaft ist das anders, wie gesagt. Hier kann man den anderen nicht so ohne weiteres so sein lassen, wie er ist. Die Frage

ist: Warum? Und die zweite Frage, die viele Liebende besonders erschreckt und verwirrt: Woher diese Unerbittlichkeit, diese Wut, der Haß in der Beurteilung des fremden Modells und der Verteidigung des eigenen? Wie wir wissen, geht das bis zu tätlichen Auseinandersetzungen. „Ich habe mich gar nicht mehr wiedererkannt." – „Ich wußte gar nicht, zu wieviel Wut und Verachtung ich fähig bin." – „Ich hätte ihn erwürgen können." Das sind betretene Kommentare ansonsten höchst umgänglicher, freundlicher Menschen nach einem Streit mit ihrem Partner. Wenn man dann nach dem Gegenstand ihrer Auseinandersetzung fragt, stellt sich häufig genug heraus, daß es – zumindest von außen betrachtet – um Lappalien ging. Manchmal können sich die Kontrahenten noch nicht einmal daran erinnern, was diesen schrecklichen, kräfteraubenden Disput letztlich ausgelöst hat.
Warum also diese Exzesse anläßlich häufig so simpler, alltäglicher Fragen? Weil es immer noch um Leben und Tod geht. Nicht in Wirklichkeit natürlich. Und die Streitenden würden es sicher zunächst auch weit von sich weisen, wollte man ihre Kontroverse mit einem solch dramatischen Etikett versehen. Doch läßt der Grad ihrer Erbitterung, ihres Zorns, ihrer Verzweiflung immerhin eine Ahnung aufkommen, daß es nicht nur um den Bademantel, den Teppich, das teure Restaurant gehen kann. Da muß mehr dahinterstecken. Und es steckt auch mehr dahinter. Schließlich hat jedem der beiden das eigene, seit frühester Kindheit bewährte Modell, hat die eigene „Logik" das Überleben gesichert. Bis auf den heutigen Tag. Und nun kommt jemand, den man ganz nahe an sich heranläßt – so nahe wie keinen anderen Menschen auf der Welt –, und der hat ein anderes Modell. Damit ist das eigene Modell zumindest in Frage gestellt. Aber es geht ja weiter: man soll sein Modell tolerieren – schlimmer noch: man soll es übernehmen!
„Ich weiß schon, was gut für uns beide ist", sagt sie. Sie sagt es ohne Arg. Sie meint, was sie sagt. Sie ist überzeugt, daß sie richtig liegt. Sie will wirklich nur das Allerbeste für ihren Liebsten. Und

ahnt nicht, was sie ihm zumutet. Er soll seinem (Überlebens-) Modell abschwören. Er soll den geliebten Bademantel ablegen, den seine Großmutter ihm schenkte, als er das Elternhaus verließ, und der ihm in der unwirtlichen, fremden Stadt Geborgenheit gab; er soll, scharfer Rechner, der er ist, eine durchaus vermeidbare Geldausgabe tätigen, soll den Teppich zweimal im Jahr reinigen lassen; er soll mit Pizza Margherita vorliebnehmen, wo ihm doch nach Räucherlachs auf zartem Porzellan zumute ist.
Er wehrt sich mit Händen und Füßen. Genauso wie sie sich angesichts seiner Großspurigkeit und seiner Forderung, sie solle seine Sorglosigkeit mit ihm teilen, mit Händen und Füßen wehrt. Sie kann seine Sorglosigkeit nicht so ohne weiteres übernehmen – selbst, wenn sie es wollte. Sie ist anders gestrickt.
Was ist da zu tun? Leute, die sich auskennen – Psychologen, Psychotherapeuten und Pädagogen – raten zu dreierlei: Erstens: Den eben beschriebenen Sachverhalt zur Kenntnis zu nehmen. Zweitens: Den Versuch zu machen, nicht länger nur das eigene Modell ängstlich zu hüten, zu verteidigen und es dem anderen ohne Rücksicht auf Verluste als das bessere, ja einzig Wahre zu verkaufen – sondern sich das Modell des anderen mal ganz locker und leidenschaftslos zu betrachten. Weiter erstmal gar nichts. Und drittens: Das fremde Modell einmal sorgfältig auf seinen möglicherweise positiven Gehalt abzuklopfen. All das könnte zur Folge haben, daß sie zum Beispiel seine Ablehnung ihrer Bitte „Zieh dich erst an, bevor du zum Frühstück kommst, oder nimm wenigstens meinen schönen Bademantel“ nicht länger als gegen sich gerichtet empfinden müßte. Sie würde vielmehr verstehen, daß er in diesem Augenblick lediglich etwas für sich selbst tut. Das zu begreifen, könnte ihre Enttäuschung über sein Verhalten schon ein bißchen mildern. Zumindest müßte sie den schäbigen Omabademantel dann nicht länger als Angriff oder Zeichen der Lieblosigkeit erleben. Das Begutachten und Einschätzen des anderen Modells aber setzt voraus, daß ich es mir gründlich anschaue. Meinem Partner genau zuhöre. Und zwar wirklich in

aller Ruhe und mit ganzer Konzentration. Bislang war ja ein Großteil meiner Kraft gebunden, und zwar dadurch, daß ich mein eigenes Modell gegen vermeintliche Angriffe des Partners zu schützen hatte. Wenn ich mir nun vergegenwärtige, daß der andere gar nicht auf Attacke aus ist, kann ich es ruhig mal ein Weilchen unbewacht lassen.

Damit aber wäre etwas Großartiges passiert. Man bewegte sich nicht länger immer nur im Kreis – was bei nahezu allen üblichen Partnerschaftsstreitigkeiten geschieht –, sondern wäre in der Lage, aus der Umzingelung, aus der Sackgasse, herauszufinden. Man wäre offen für Neues, bereit für den längst fälligen weiterführenden Dialog.

Das Schönste aber: Er und sie wären ihre Angst los. Die Angst, der eine nähme den anderen nicht ernst, wollte ihm etwas am Zeug flicken, wollte ihn über den Tisch ziehen. Das will ja aber keiner. Jedenfalls jetzt nicht mehr. Wenn beide sicher sein können, daß man ihnen ihre eigenen Denk- und Lebensmodelle weder miesmachen noch wegnehmen will, könnten sich beide Partner darauf verständigen, im anderen wirklich den Andersartigen zu sehen und seine Andersartigkeit mit leidenschaftslosem Interesse zur Kenntnis zu nehmen. Dann wäre von heute auf morgen Schluß mit der ewigen Krittelei, dem offenen oder – viel häufiger – versteckten, geradezu verschlüsselten Versuch, den anderen umzuerziehen, schließlich doch noch hinzukriegen. Im selben Moment aber geschähe Erstaunliches (an Paaren, die lange zusammen sind, kann man es beobachten): Ab und zu erschiene er am sonntäglichen Frühstückstisch tipptopp angezogen und nicht in Omas Bademantel. Aber er täte es nicht, weil er schließlich mutlos geworden wäre und klein beigegeben hätte. Er täte es nicht um des lieben Friedens willen oder zähneknirschend. Er täte es aus Liebe.

2. FALLE

Er wird schon wissen, wie ich es im Bett haben will

Sie liegt da und läßt die Liebe noch ein wenig in sich nachklingen. „War es schön?“ fragt er. „Aber ja“, sagt sie, „natürlich war es schön …“ Ja, es war schön. Aber war es schön genug? War es so schön wie in ihren Träumen? Nein. In ihren Träumen ist es schöner. In ihren Träumen kommen sie und er, beispielsweise, gerade aus der Dusche, das Wasser perlt aus ihrem Haar, sie stehen sich gegenüber, frisch und nackt, und während sie sich küssen, gleiten seine Hände sanft über ihren Hals, ihre Schultern, ihre Brüste, ihren Bauch, ihren Po, ihre Oberschenkel – nein, nicht über ihr primäres Geschlechtsmerkmal – noch nicht. Seine Hände umkreisen es vielmehr, kommen ganz nah, entfernen sich wieder, wandern noch einmal hinauf zu ihrem Nacken. Sie zittert, erfüllt von dem Gedanken: noch nicht, nein, aber gleich, gleich wird es sein, gleich werden seine Finger die entscheidende Stelle berühren, streicheln, massieren – und nach einer Weile werden sie beide ineinander versinken. In ihren Träumen hat er immer Lust – und sie auch. In ihren Träumen fällt ihm immer wieder Neues ein. Er läßt Rosenblätter über sie rieseln, benetzt ihren Körper mit Champagner, küßt sie allüberall, und sie tun es in allen nur erdenklichen Stellungen. In ihren Träumen lieben sie sich im Fahrstuhl und in den Katakomben der römischen Via Vecchia, und beim frostig-steifen Mittagessen mit entfernten Verwandten legt er ihr unterm Tisch die Hand zwischen die Schenkel.

Das sind Träume, klar, und sie ist Realistin genug, sich bewußt zu sein, daß Traum und Wirklichkeit zwei verschiedene Dinge sind. Und doch – in ihrer ersten stürmischen Verliebtheit war ein Teil des Traums wahr geworden: Das gegenseitige atemlose Entzükken hatte ein Hochgefühl in ihnen ausgelöst, aus dem heraus sie beide kühner und selbstverständlicher hatten agieren können denn je zuvor – fast so wie in ihren Träumen. Jetzt, da der Rausch der neuen Liebe einer etwas kühleren, realistischeren Sichtweise weicht und sie sich beide wieder als Einzelwesen zu begreifen beginnen – jetzt kann es passieren, daß sich nach der Liebe so ein kleines schales Gefühl einstellt, eine sanfte, nagende Traurigkeit, die das Wohlgefühl zwar nur geringfügig schmälert, aber doch eine gewisse Nachdenklichkeit provoziert. Wenn er mich wirklich lieben würde, denkt sie, dann müßte er eigentlich merken, daß ich mehr brauche, mehr Muße, mehr Zärtlichkeit; daß mein ganzer Körper einbezogen sein will in seine Liebe – die Halspartie unterm Haaransatz, die Ohren, die Innenflächen der Oberschenkel, die Fußsohlen. Reicht es nicht, meine Freude zu äußern, wenn er diese Partien zufällig berührt? Muß ich deutlicher werden? Aber wie macht man das? Ist das überhaupt legitim?

Während sie so daliegt und ihren Gedanken nachhängt, steht er auf, reckt und streckt sich. Es geht ihm sichtlich gut, doch es ginge ihm noch besser, wenn er wüßte, ob er ihr trauen darf. Hatte sie nun einen Orgasmus oder hatte sie keinen? Sie hat „Ja“ gesagt. Aber er denkt oft an die Szene aus der amerikanischen Filmkomödie „Harry und Sally“, in der Harry darauf beharrt, keine Frau könne ihm einen Orgasmus vorspielen. Worauf Sally,

mitten im Restaurant, mimisch und akustisch einen Orgasmus simuliert, der so echt wirkt, daß Sallys Demonstration Harrys Weltbild in Sachen Sex von einem Augenblick auf den anderen zusammenbrechen läßt.
Unsicherheit also. Vielleicht hätte sie es ja gern heftiger, denkt er, oder öfter, oder ganz anders. Was sie, zum Beispiel, von oralem Sex hielte, würde er sie gern fragen. Aber er weiß nicht wie. Also macht er es so, wie er denkt, daß sie es gern hätte. Aber er ist sich nie so ganz sicher. Und hängt seinerseits Träumen nach. Da ergreift zum Beispiel sie die Initiative, reitet auf ihm, eine Amazone mit wehendem Haar, und entführt ihn – wer weiß wohin …
Zwei Menschen mit ihren Träumen im Kopf, mit ihren Begierden, mit ihren Wünschen an den jeweils anderen – aber auch mit bestimmten ungeprüft übernommenen Vorstellungen, die häufig genug der Realisation ihrer Träume und Wünsche entgegenstehen. Sie, zum Beispiel, ist wie gut 90 Prozent der Frauen – jung und alt gleichermaßen! – der Meinung, daß der Mann letztlich im Bett die Führung zu übernehmen habe. Die Tatsache, daß gut 90 Prozent der Männer das letztlich auch so sehen (obwohl sie anderes träumen!), erleichtert die Sache keineswegs. Denn der junge Mann ist in Sachen Sex nicht minder unsicher, ratlos und verwirrt als sie. Und die allgemeine und auch von ihm selbst geteilte Vorstellung, er müsse gleichwohl wissen, wo es langgeht, und auch noch den Ton angeben, läßt ihn schließlich die erstbeste, ihm noch am sichersten erscheinende Gangart anschlagen: mit Sturmschritten zum Orgasmus. Ohne rechts oder links zu schauen. Zu seinem und – hoffentlich! – auch ihrem Vergnügen. Das macht Spaß, sicher, aber wer nicht gewaltig aufpaßt, dem gerät die Sexualität auf diese Weise zu einem eindimensionalen, linearen Prozeß, der immer auf die gleiche Weise abläuft.
Die sogenannte sexuelle Revolution der siebziger Jahre hat nach Erkenntnis der Sexualwissenschaft außer Information über die Sexgepflogenheiten der Menschen nichts gebracht. Man weiß zwar heute aufgrund einer Anzahl großangelegter Untersuchun-

gen genauer, auf welche Weise und wie oft die Paare durchschnittlich miteinander schlafen – was die Menschen mit unterdurchschnittlicher sexueller Aktivität erheblich unter Druck setzt. Aber das ist auch schon (fast) alles. Eine Qualitätssteigerung, eine neue, erweiterte Betrachtungsweise des Sex, die den ganzen Körper und die Seele umschließt, ist bislang ausgeblieben. Oder wird noch so selten in die Tat umgesetzt, daß sie statistisch nicht zu Buche schlägt. Andererseits: Sehr viele Menschen träumen davon. Doch hält ihr Gefangensein in überkommenen Vorstellungen und eine große Scheu, über die Sexualität zu reden, die meisten nach wie vor davon ab, ihre Wünsche auszusprechen und ihre Träume zu leben.

Nach wie vor steht der Orgasmus via Penetration im Zentrum des Interesses. Und damit der Penis. Der Penis ist gewissermaßen der Hauptdarsteller. Mit ihm steht und fällt die Vorstellung. Das macht ihn stolz, und manchmal wächst er geradezu über sich selbst hinaus. Aber dann hat er einen schlechten Tag oder einfach keine Lust, er mag nicht – aus, basta. Er und sie schauen betreten oder geraten in Panik, wenn nicht in schiere Verzweiflung. Und die Vorstellung fällt aus. Dabei wüßte sie durchaus, wie sie zu retten gewesen wäre – und er weiß es eigentlich auch. Nur: wie das dem Partner vermitteln? Soll sie rundheraus sagen, was sie denkt? Nämlich: Manuell oder oral ist es genauso schön? Nein, das wäre zu grob, zu abrupt. Dafür haben sie beide bislang ihn, den Penis, zu rigoros zum Alleindarsteller hochstilisiert – um ihn jetzt von einem Augenblick auf den anderen so schmählich fallen zu lassen. Viel besser wäre es, sie würde ab sofort darauf hinwirken, die bisher eher kläglichen Rollen von Händen und Zunge konsequent auszubauen. So daß es am Ende gar nicht so sonderlich auffiele, wenn der Hauptdarsteller mal nicht in Hochform wäre. Gleichzeitig hätte das Paar sein Liebesinstrumentarium deutlich erweitert – und damit die Voraussetzung dafür geschaffen, daß sich zumindest der eine oder andere ihrer Träume verwirklichen ließe.

Doch kann und soll man wirklich seine Träume, Wünsche, Sehnsüchte offenlegen? Begibt man sich damit nicht allzusehr in die Hand des Partners? Und kann der überhaupt verstehen, was man meint? Schließlich lebt jeder, wie wir mittlerweile wissen, vor allem nach seiner eigenen „Logik". Zudem ist die Sexualität ein Bereich, bei dem es in fast jedem Menschen einander widerstreitende Gefühle gibt: ein Konglomerat aus Sehnsüchten, übernommenen Tabus, uns selbst erschreckenden Begierden und selbstauferlegter Zurückhaltung. Wie soll man all das einem Partner vermitteln?

Zugegeben: Es ist nicht ganz einfach. Nicht zuletzt, weil wir bislang auch noch so gut wie keine Übung darin haben. Irgend etwas in uns sträubt sich auch deshalb, weil wir meinen: Wenn man sich wirklich liebt, dann muß der jeweils andere doch ganz von selbst wissen, wie man es haben möchte. Vielleicht klammern wir uns auch deshalb so hartnäckig an diese Vorstellung, weil sie es uns erspart, die Dinge beim Namen zu nennen, zumal diese Namen meist entweder medizinisch oder obszön klingen. Aber es hilft nichts: Wir kommen ums Reden nicht herum. Auch einfühlsamste Liebhaber und Liebhaberinnen sind keine Hellseher. Auch – oder gerade – das Liebesspiel bedarf des Informationsaustausches über Vorlieben und Abneigungen. Außerdem irrt gewaltig, wer glaubt, Männer und Frauen wüßten über die Sexualität des anderen sozusagen von Natur aus Bescheid. Tatsache ist vielmehr, daß sie in punkto Sex noch weniger voneinander wissen als auf anderen Gebieten. Bis heute zimmern wir uns im Grunde aus nur wenigen Versatzstücken das sexuelle Bild vom anderen Geschlecht zurecht – Liebe hin oder her. Ein Bild, das mit der so viel differenzierteren Wirklichkeit so gut wie nichts zu tun hat.

Das Gespräch, wie gesagt, ist unerläßlich. Vielleicht gelingt es ja in der wohligen Atmosphäre nach der Umarmung. Seine Frage „War's schön?" würde dann nicht nur mit dem kurzen „Ja, natürlich" beantwortet, sondern mit einem „Ja, sehr, und besonders schön war … und noch viel schöner wäre es …"

Denn in Augenblicken zärtlicher Entspannung lassen sich manchmal Dinge aussprechen, die man sich sonst scheut zu benennen: Daß man hier und dort geküßt und gestreichelt werden möchte, daß man eine bestimmte Stellung besonders genießt und eine andere weniger. Auch ist dies vielleicht der richtige Augenblick, nach Dingen zu fragen, die man schon lange wissen wollte: Ob er es liebt, wenn sie seinen Rücken streichelt, seinen Penis manuell stimuliert, ob er sich mehr Aktivität von ihr wünscht.
Eine andere, von Partnerschaftstherapeuten häufig empfohlene Möglichkeit, über Sex miteinander ins Gespräch zu kommen: Sich am Küchentisch, sprich: in verfremdeter, sachlicher Umgebung – über einer Tasse Tee oder einem Glas Wein – darüber auszutauschen, was man in Sachen Sexualität vom anderen erwartet, wie man sich selber in der Umarmung empfindet und wovon man träumt. Wobei es wichtig ist, daß dies niemals den Beigeschmack von Vorwurf bekommt, von Mäkelei und Kritik. Wünsche kann man auch so aussprechen, daß der andere sich geschmeichelt und ausgezeichnet fühlt, weil man sie von *ihm* erfüllt bekommen möchte. Vielleicht käme dann endlich heraus, daß er sich auf dem Terrain Sex keineswegs sicherer fühlt als sie. Und daß der Druck, gleichwohl den Ton angeben zu müssen, ihm manchmal ganz schön zusetzt. Daß sie durchaus Lust hätte, ihn manchmal zu verführen, anstatt sich, wie gewohnt, verführen zu lassen. Daß sie seinen bisweilen nicht voll erigierten Penis keineswegs als Katastrophe empfindet. Und daß sie das Vorspiel nicht länger „Vorspiel" nennen wollen. Weil Sex eben nicht auf den bloßen Geschlechtsakt reduziert werden kann – sondern *alles* umschließt: das Küssen und Streicheln, Lecken und Schmecken, Balgen und Schmeicheln, Essen und Trinken, ja selbst das Geschichtenerzählen im Bett.

3. FALLE

Bei mir ist er ganz anders als bei seinen Eltern

Natürlich sind wir ganz anders als unsere Eltern. Wir sehen anders aus. Unsere Gene sind anders gemischt. Wir sind zwanzig, dreißig, vierzig Jahre jünger, unsere Geschichte ist entsprechend kürzer, die Schwerpunkte sind anders gesetzt – und unsere erste eigene Wohnung wird selbstverständlich ganz anders eingerichtet als die von Mutter und Vater. Lebhafte, muntermachende Farben vielleicht statt der ewigen müden Beigetöne oder des aseptischen Weiß. Japanische Futons oder ein voluminöses Himmelbett statt der strengen Einheitsliegen oder gar des traditionellen „Elternschlafzimmers".

Beim Essen läuft es meist ähnlich konträr. Legten die Eltern ganz besonderen Wert auf die perfekt gedeckte Tafel, so kann man ziemlich sicher sein, daß es am Tisch des jungen Paares wesentlich ungezwungener zugeht (allerdings meist nur so lange, bis das eigene erste Kind mit daran sitzt, dem man das Vermitteln zumindest der notwendigsten Tischmanieren denn doch nicht vorenthalten möchte).

Nicht zuletzt ziehen sich die Kinder meist anders an als ihre Eltern. Ein aktuelles Kuriosum: Die sogenannten „Achtundsechziger", jene Ende der 60er Jahre so aufmüpfige Studentengeneration, die ihren Protest gegen „den Muff von 1000 Jahren" richtete, gegen den Vietnamkrieg, aber auch gegen das Verbot, den Rasen zu betreten, und die sich teilweise bis heute ihr etwas nachlässiges Outfit bewahrt hat, werden von ihren modisch perfekt durchgestylten Kindern immer mal wieder zur Ordnung gemahnt. Das kann dann unter Umständen auch einmal recht extrem klingen: „Zu meiner Hochzeit, Vater, kannst du dir ruhig mal die Haare schneiden lassen."

Alles in allem: Junge Paare versuchen meist, sich soweit wie möglich von ihren Eltern abzugrenzen. Wobei ihnen die rasch wechselnden Moden beim Wohnen, Essen und Sichkleiden natürlich noch entgegenkommen. Und doch – die Abgrenzung geschieht vor allem äußerlich. Was das Innere angeht, das Eigentliche, die Vorstellung davon, wie Partner miteinander umgehen, da mischen die Eltern viel nachhaltiger mit, als es den meisten bewußt ist. Nicht nur als Vorbilder, sondern vor allem auch durch die Beziehungsmuster, die sich zwischen Eltern und Kind herausgebildet haben. Diese Muster prägen das Verhalten in der späteren Partnerschaft ganz entscheidend, auch wenn das auf den ersten Blick nicht immer gleich zu erkennen ist.

Eine Ahnung davon erhält die junge Frau vielleicht bei ihrem ersten sonntäglichen Besuch im Elternhaus ihrer neuen Liebe: Während sein Vater und die Frischverliebten gemütlich ins Plaudern kommen, serviert seine Mutter die Begrüßungsdrinks und später das Mittagessen. Weder Vater noch Sohn springen der Mutter bei. Sie bedanken sich auch nicht, nehmen die Dienstleistung als völlig selbstverständlich hin. Als die Mutter nach dem Essen zu ihrer Arbeitsstelle aufbricht – sie ist Krankenschwester –, kann sich die junge Frau einer gewissen Beklemmung nicht erwehren. Doch wischt sie ihr Unbehagen zunächst beiseite: Dies ist sein Elternhaus, und es haben sich bestimmte Verhaltensweisen eingeschliffen, die dem Sohn, ihrer neuen Liebe, nicht anzulasten sind. Schließlich sind es die Eltern, die den familiären

Umgang bestimmen. In anderer Umgebung wird der Sohn sich sicher auch anders verhalten.
Zu ihrem heißen Schrecken verhält er sich aber in anderer Umgebung gar nicht soviel anders: Bislang war es ihr nur nicht so aufgefallen, aber nun, durch den Besuch bei den Eltern sensibilisiert, erlebt sie, wie er etwa auch im Freundeskreis, wenn man sich zum gemeinsamen Kochen und Essen trifft, keinerlei Arbeit übernimmt. Ohne jedes Schuldbewußtsein übrigens. Fröhlich gesellt er sich mal zu dieser, mal zu jener Gruppe, erzählt seine amüsanten Geschichtchen, muß auch plötzlich noch das eine oder andere wichtige Telefonat erledigen. Zu der Mahlzeit, die schließlich auf dem Tisch steht, hat er jedenfalls nichts beigetragen. Und ihre Befürchtung, daß hier jede Menge Zündstoff paratliegt, ist nur allzu berechtigt.
Das Entstehen familiärer Beziehungsmuster, die sich später deutlich auf die Muster im Partnerschaftsverhalten der Kinder auswirken, läuft meist auf völlig alltägliche Weise ab. Ein Beispiel: Die Familie besteht aus Vater, Mutter, Tochter, Sohn. Das Interesse der Eltern hat sich im Laufe der Zeit zunehmend voneinander weg auf die Kinder verlagert. Es werden Koalitionen eingegangen. In diesem Fall bilden Vater und Tochter einerseits und Mutter und Sohn andererseits (geistige) Zusammenschlüsse. Das kann vollkommen undramatisch verlaufen. Vielleicht ist den Beteiligten nicht einmal bewußt, daß bei Tisch etwa die Mutter besonders häufig ihr Wort an den Sohn richtet und der Vater an die Tochter, daß Mutter und Sohn einerseits und Vater und Tochter andererseits gemeinsam Interessen entwickeln und pflegen. Der Vater ist beispielsweise Naturwissenschaftler. Die Tochter profitiert von ihrer Rolle als Vaters Liebling und wird der Mathematik- und Physikstar ihrer Klasse. (Tatsächlich weisen die Biographien bedeutender Naturwissenschaftlerinnen häufig eine enge Bindung der Tochter an einen naturwissenschaftlich stark interessierten Vater auf!) Der Vater ist begeistert, überschüttet die Tochter mit Lob. Die Tochter ist stolz und glücklich. Gleichzeitig aber ent-

wickelt sie eine starke Abhängigkeit vom Vater, die ihr später oft den Weg in die Eigenständigkeit versperrt. Die junge Frau ist und bleibt vor allem eins: Vaters Liebling. Das so entstandene intime Beziehungsmuster wird später häufig auf die Liebesbeziehung übertragen, wobei der Partner jeweils die Rolle des Vaters zu übernehmen hat – ob er das will oder nicht. Die „Tochter" wird sich in jedem Fall extrem an ihn gebunden fühlen, seine Bestätigung wird sie aufblühen, seine Kritik sie zusammenbrechen lassen.

Mangelnde Autonomie ist zudem meist mit besonders ausgeprägter Verlustangst, sprich: Eifersucht gekoppelt. In der Umerziehungsphase wird eine so geprägte Frau immer wieder (bewußt oder unbewußt) von ihrem Partner verlangen: „Schau nur mich an! Liebe mich, stütze mich, fördere mich – wie mein Vater das getan hat!" Es wäre ein außerordentlicher Glücksfall, wenn sich der Partner damit nicht überfordert fühlte. Und es steht zu befürchten, daß die Kräche zwischen diesen beiden erst enden (können), wenn er und sie die Mechanismen durchschaut haben, die den Ablauf ihrer Beziehung bestimmen und sich oft so fatal auswirken.

Auch das Beziehungsmuster, das durch Koalition zwischen Mutter und Sohn entsteht, wird oft mitentscheiden, wie sich der Sohn später seiner Partnerin gegenüber verhält. Ist die Mutter eher depressiv und antriebsschwach, wird der kleine Junge stets von neuem versuchen, sie zu diesem oder jenem zu bewegen. Das kann eine prinzipielle Ungeduld in ihm begründen. Entsprechend wird seine spätere Partnerin darüber erstaunt sein oder sich darüber ärgern, wie heftig ihn Wartezeiten, Trägheit, Stagnation, aber auch durch Krankheit auferlegte Ruhepausen in Harnisch bringen.

Paschaverhalten dagegen läßt sich fast immer darauf zurückführen, daß die Mutter den kleinen Jungen maßlos verwöhnt hat. Kein Wunder also, wenn er nun ein Leben lang davon ausgeht, es könne für eine Frau gar nichts Schöneres geben als ihn zu umsorgen und zu bedienen.

Workaholics (aber auch Totalverweigerer) haben oft Mütter, die extrem fordernd waren und Liebe von Leistung abhängig machten. Das ist der Stoff, aus dem die „Helden“ sind – Rennfahrer, Extrem-Bergsteiger – Menschen, die vor allem um der Anerkennung anderer willen bereit sind, ihr Leben aufs Spiel zu setzen. Im intimsten ihrer Beziehungsmuster dominiert das Ringen um die ungeteilte Anerkennung der Mutter – auch wenn das in der Regel unbewußt geschieht. In weniger dramatischen Fällen verlangen solche Männer von ihrer Partnerin schlicht vorbehaltlose Anbetung – als Ausgleich für die ihnen von der Mutter vorenthaltene Bewunderung oder für die Anerkennung, die früher nur kam, wenn sie etwas geleistet hatten. Das führt in der Phase des Sich-näher-Kennenlernens häufig zu grotesken Mißverständnissen. Weil die Partnerin zunächst für einen Witz hält, was er von ihr erwartet: Lob für jedes halbwegs gelungene Spiegelei, für seine Liebenswürdigkeit ihrer Großmutter gegenüber, für das aus der Reinigung abgeholte Kleiderpaket, für sein pünktliches Aufstehen, die geputzte Badewanne. Aber es ist kein Witz – sondern durchaus ernst gemeint.

Doch nicht nur ein Zuwenig an (mütterlicher) Zuwendung kann für die spätere Partnerschaft verhängnisvolle Folgen haben – auch ein Zuviel erweist sich oft als problematisch. Von Paschaallüren als Folge des Verwöhntwerdens war schon die Rede. Ein verwandtes Phänomen ist das spätere Verhalten des überbehüteten, zuviel geliebten Kindes. Ihm wurde jedes Begehren erfüllt, noch bevor es Gelegenheit hatte, dieses Begehren zu formulieren, ja noch ehe überhaupt der Wunsch in ihm aufstieg. In vorauseilender Liebe wurde ihm der rote Teppich ausgebreitet, wo immer es hinkam. Es erhielt jedes nur erdenkliche Spielzeug, die Eltern pflegten engsten Kontakt mit den Erziehern und Lehrern. Ausbildungsplatz, Studienplatz, Arbeitsplatz, die eigene Wohnung – überall haben die Eltern schon vorgesorgt, vorgesprochen, den Weg geebnet. Die in der Kindheit und Jugend so Geförderten können in ihren Berufen durchaus überdurchschnittlich erfolgreich sein, als Partner jedoch sind sie problematisch. Auf den ersten Blick bezaubern sie oft, weil sie so siegesgewiß auftreten, so durchdrungen von dem Bewußtsein, daß – was auch immer geschieht – sie jedenfalls weich fallen werden. Sie sind häufig amüsante Erzähler, brillieren vor den anderen, stets umgeben von einem Kreis von Bewunderern. Nichts leichter, als sich in sie zu verlieben, sich gleichsam emporheben zu lassen von ihrem Charme, ihrer Fröhlichkeit, ihrem Optimismus.

Doch die Ernüchterung folgt rasch. Sich mit Zuvielgeliebten zusammenzuraufen, kommt der Quadratur des Kreises gleich. Weil sie zwei Dinge noch weniger gut können als andere Leute, zwei Dinge, mit denen der erfolgreiche Verlauf der Umerziehungsphase steht und fällt. Erstens: gelegentlich mal von sich selber absehen, um sich so besser in den anderen hineinversetzen zu können. Zweitens: dem anderen ruhig, sachlich, weder fordernd noch vorwurfsvoll die eigenen Vorstellungen und Bedürfnisse vermitteln. Beides sind Fähigkeiten, die Zuvielgeliebte unter der Obhut ihrer Eltern nicht erwerben konnten (und wozu sie nun in ihrer Liebesbeziehung erstmals die Chance haben). Bislang gab es ja auch keinerlei Notwendigkeit, auf irgend jemand anderes zu achten, sich um irgend jemand anderes zu kümmern. Die Eltern waren hoch beglückt, wenn sich ihre Kinder lieben ließen. Gegenliebe wurde ihnen meist nur in Form von Wohlverhalten bzw. Leistung abverlangt. Auch brauchten sie sich nicht die Mühe zu machen, ihre Wünsche zu äußern. Die Eltern lasen sie ihnen von den Augen ab.

Von den Bedingungen einer Partnerschaft sind die Zuvielgeliebten häufig schon deshalb schnell enttäuscht, weil ihnen die gebratenen Tauben nicht länger – einfach so – in den Mund fliegen. Sie begreifen meist gar nicht, was los ist. Bislang hatten sie ihre Wünsche doch auch nicht erst lang und breit in Worte kleiden müssen. Wieso weiß die Person, die vorgibt, sie zu lieben, nicht intuitiv, was sie haben wollen? Sie sind irritiert, schließlich deprimiert. Ihr Modell greift nicht mehr. Aber was ist falsch daran?

Der Partner eines solchen Menschen ist seinerseits frustriert. Weil alle Leistungen, die er für die Partnerschaft vollbringt, gar nicht als solche wahrgenommen werden. Die besonders sorgfältig zubereitete Mahlzeit, das Geburtstagsfest für den Liebsten, das mit großem Zeitaufwand reparierte Schmuckstück: alles wird in Empfang genommen, als handele es sich um Selbstverständlichkeiten. Der Zuvielgeliebte ruft, ohne mit der Wimper zu zucken, seinen Partner zu Hilfe, wenn er irgendeinen Gegenstand nicht finden kann – allerdings ohne zuvor selbst gründlich danach gesucht zu haben. Und er wundert sich zutiefst, wenn der andere eines Tages reklamiert: Und wo ist dein Beitrag?

Nicht immer natürlich sind die Eltern so überdeutlich gegenwärtig wie in dem eben beschriebenen Fall. Manchmal sind es lediglich bestimmte Redewendungen, die darauf hindeuten, daß das Elternhaus mit hereinspielt. Bestimmte generalisierende Begriffe sind zum Beispiel ein ziemlich deutliches Indiz für das Gebundensein an die familiäre Vergangenheit. „*Nie* wieder Streit!" – „*Nur* keine Scheidung!" – „*Niemals* mehr Abhängigkeit vom Urteil eines anderen Menschen!" – Das sind Aussagen, die einerseits aus der Kindheit herrührende Leiden offenbaren, andererseits für eine partnerschaftliche Beziehung eine erhebliche Hypothek bedeuten können. Weil sie Rigidität signalisieren, wo Flexibilität so nötig wäre. Zumal in der Umerziehungsphase, wo es nicht abgeht ohne die Bereitschaft beider Partner, sich auf andere, fremde Vorstellungen einzulassen, gegebenenfalls umzudenken und womöglich liebgewonnene „ewige" Grundsätze aufzugeben.

Das Eigenartigste an den Beziehungsmustern, die im Elternhaus erworben werden, ist jedoch ein Sachverhalt, den die Psychologen – mit Sigmund Freud an der Spitze – „Wiederholungszwang" nennen. Dahinter verbirgt sich die seltsame, dunkle Lust, ja der Zwang, Erlebnisse aus der Kindheit gewissermaßen in Liebesbeziehungen wieder aufleben zu lassen. Das Paradoxe daran: Je heftiger wir uns dagegen wehren, um so sicherer geraten wir in die alten Bedrückungen hinein. (Tatsächlich ist die Heftigkeit unserer Abwehr ein Gradmesser für unser Gefangensein in den alten Strukturen.) Wer – jahrelang durch elterliche Auseinandersetzungen gepeinigt – *nie* wieder Streit will, der kann sicher sein, daß er sich über kurz oder lang mit seinem Partner im Clinch befinden wird. Weil das Bestreben, unter allen Umständen Streit zu vermeiden, Streit provoziert.

Eine junge Patientin der psychotherapeutischen Abteilung eines Münchner Krankenhauses, die als Kind von ihrer Mutter unter Druck gesetzt worden war, weil sie nach deren Meinung zu dick war, hatte sich ganz bewußt einen Partner gesucht, der ihre Molligkeit liebte. Bereits im ersten Jahr ihrer Beziehung aber fiel sie in die Verhaltensmuster ihrer Kindheit zurück: Sie zwang ihren Partner, sich immer wieder zu ihrer Figur zu äußern, und aß so lange doppelte Portionen, bis er ihre Korpulenz tatsächlich kritisierte – was prompt ihren psychischen Zusammenbruch auslöste. Und das alles, obwohl sie sich fest vorgenommen hatte, sich n i e wieder von der Meinung eines anderen Menschen abhängig zu machen. Das ist natürlich ein Extremfall – genauso wie etwa der des mißhandelten Kindes, das sich später einen Partner sucht, der ihm wiederum Gewalt antut. Aber egal, ob es sich um „extreme" oder „normale" Beziehungsmuster handelt: Solche Mechanismen bzw. Verkettungen dieser Art sind nur dadurch zu durchbrechen, daß man sich die Zusammenhänge bewußtmacht und entschlossen Gegenstrategien entwickelt.

„Wir sind ganz anders als unsere Eltern", klar. Und doch sind wir durch die in der Kindheit erworbenen Verhaltensmuster, die nun in die eigenen Beziehungen hineinspielen – und dort meist für Schwierigkeiten sorgen –, mit ihnen verbunden. Eine Tatsache, wie gesagt, die speziell in der Zeit des Sich-näher-Kennenlernens, des Sich-gegenseitig-Auslotens zur Beziehungsfalle werden kann.

Übrigens: Am selbstverständlichsten und glücklichsten verlaufen Beziehungen zwischen Menschen, deren Eltern sich respektierten und einander nicht zu dominieren versuchten, die ihre Kinder sehr liebten – aber sich gegenseitig genauso.

4. FALLE

Unser Alltag spielt sich ganz von selber ein

Ein altes Thema – aber so aktuell wie eh und je. Da zieht das junge Paar in seine erste gemeinsame Wohnung – oder er zieht zu ihr oder sie zu ihm. Das Glück ist vollkommen, die Begeisterung am Weißeln, Teppichlegen, Fensterputzen, Bodenschrubben, Regaleeindübeln und Bilderaufhängen schier unerschöpflich. Freunde und Freundinnen kommen und gehen, schleppen Möbel, entkorken die Champagnerflaschen, bringen Blumen. Schließlich ist auch der gewünschte Duschvorhang gefunden und angebracht, und man kann – endlich! – zur Tagesordnung übergehen. Nur, daß es keine Tagesordnung gibt. „Unser Alltag spielt sich ganz von selber ein" setzt man stillschweigend voraus. „Schließlich weiß ja jeder, was er zu tun und zu lassen hat."

Die Zeit vergeht, und in der Küche türmt sich der (getrennte) Müll. Eine Tonne für Organisches, eine für Plastik, eine für Flaschen, eine für Papier. Wer runtergeht, nimmt was mit, heißt die Devise. „Ach verdammt, ich hab's vergessen" entschuldigen sich beide am Abend. Er räumt das Geschirr in die Spülmaschine. Das macht ihm Spaß. Was ihn allerdings wurmt, sind die dünnwandigen Gläser, die er nicht mit einräumen kann. Sie würden zerbrechen. Ob man denn nicht aus dickeren trinken könnte, fragt er. „Unter keinen Umständen", entscheidet sie, „das schmeckt nicht". Er erinnert sich, daß er kürzlich ihre Mutter denselben Satz hat sagen hören. Er schweigt zunächst. Meint aber drei Tage später, daß sie, wenn sie schon auf den zarten Gläsern bestehe, sie auch abwaschen solle. „Klar", sagt sie, „mach' ich gern, laß sie einfach stehn, bis sich der Abwasch lohnt." Das aber fällt ihm schwer, ist ihm, genaugenommen, unmöglich. „Bei uns herrscht Ordnung" hieß es bei ihm zu Hause – und das bedeutete vor allem, daß kein schmutziges Geschirr herumstand. Ihm käme zwar solch ein Satz um keinen Preis über die Lippen – ja, er haßt ihn geradezu –, aber die Gläser kann er nicht stehen lassen. Also wäscht er sie ab. „Sie stören mich" sagt er. „Mich nicht" sagt sie. Das nimmt er ihr übel.

Als ein Kurzschluß in der Badezimmerlampe die Sicherung herauschlägt (ihre Altbauwohnung hat noch diesen altmodischen Sicherungskasten im Flur), ist sie empört: „Ja, gibt es etwa keine Ersatzsicherungen im Haus? So was hat man doch auf Vorrat!" „Man?" fragt er nicht ohne Häme, „wer ist denn das?" Sie sieht ihn an und lacht nicht. Lachen hätte die Situation entschärft.

Der große Streit entzündet sich dann am Müll, der mal wieder nicht hinuntergebracht worden ist. „Dabei hast du doch versprochen, du würdest es machen!" – „Nein du!" – „Nein du!" Der Streit hätte sich genausogut am Kloscheuern entzünden können. „Seit dreieinhalb Monaten tust du so, als wäre das ausschließlich meine Sache!" ereifert sie sich. Mit seiner Beteuerung, daß er das keineswegs so sehe, sondern nur schlicht und einfach nicht daran gedacht habe, erntet er nur bitteres Gelächter: „Das kannst du deiner Großmutter erzählen ..." Immerhin bewirkt der Streit, daß sie endlich auch ihren Hauptfrust äußert: „Im übrigen haben wir uns völlig falsch eingerichtet!" Er versteht die Welt nicht mehr. Sie hatten ein gemeinsames Wohnzimmer, ein gemeinsames Schlafzimmer und ein kleines Zimmer „zum Sichzurückziehen oder auch mal für einen Gast". So hatten sie jedenfalls ihren Freunden gegenüber den Zweck dieses Zimmers beschrieben. Mit der Zeit ist das dritte Zimmer allerdings mehr zu einer Rumpelkammer geworden, in der nun abgestellt wird, was man rasch loswerden will und nicht auf den Boden hinauftragen mag: Koffer, Skier, das Surfbrett, aber auch Bierkästen und der Staubsauger. Ein Refugium war es jetzt wirklich nicht mehr.

„Jeder braucht sein eigenes Zimmer", sagt sie jetzt, „ich fühl' mich hier überhaupt nicht zu Hause." Er ist vollkommen verstört. Er braucht kein eigenes Zimmer. Seine Stimme zittert: „Heißt das, daß du aus unserem gemeinsamen Schlafzimmer ausziehen willst?" „Ja", sagt sie, „jeder sollte seinen eigenen Wohn-Schlafraum haben. Man kann sich ja gegenseitig besuchen, wann immer man Lust hat." Türenschlagend verläßt er die Wohnung und kommt erst gegen fünf Uhr früh zurück. Er holt sich seinen Schlafsack aus der Rumpelkammer und rollt sich auf dem Teppich im Wohnzimmer darin ein. Als sie aufsteht, ein Bad nimmt, in der Küche herumhantiert, schließlich die Wohnung verläßt, um zur Arbeit zu gehen, stellt er sich schlafend. „So was Blödes", sagt sie zu ihrer Kollegin, „dabei will ich doch nur die Wohnung ein bißchen umräumen. Als wir einzogen, war mir noch nicht so klar, daß ich was Eigenes brauche. Das ist doch nicht so schwer zu verstehen!"

Was passiert ist, liegt auf der Hand. Zwei haben den uralten, bis auf den heutigen Tag immer von neuem begangenen Fehler gemacht, ein so kompliziertes Gebilde wie das gemeinsame Leben und Wohnen dem Zufall zu überlassen. Jeder hatte darauf vertraut, daß sich alles von selber einspielen werde. Beide hatten gedacht, man könne das Zusammenleben mehr oder weniger schweigend so hinkriegen, wie es einem selber in den Kram paßte. Umerziehung via Telepathie? Oder einfach kraft des eigenen Wünschens? Viele Paare, wie gesagt, denken, hoffen, handeln so. Vollkommen der eigenen „Logik" und Denkstruktur verhaftet,

können sie sich gar nicht vorstellen, daß der andere die Dinge ganz anders sieht. Aber: Seine Liebe ist nicht ihre Liebe. Und seine Vorstellung vom gemeinsamen Wohnen ist noch lange nicht die ihre.
Der einzige Ausweg: zu reden, offenzulegen, was man sich vorstellt und wie man es sich vorstellt. (Was allerdings voraussetzt, daß man selber weiß, was man will!) Und klare Verabredungen zu treffen, bis ins Detail. Das Private ist ja neben dem Beruflichen ein derart entscheidender Teil in unserem Leben, daß eigentlich gar nicht einzusehen ist, warum diesem Bereich weniger an Planung, Überlegung, Organisation, Engagement gewidmet werden sollte als etwa dem Beruf. Um so mehr, als das Privatleben meist wesentlich mehr Spielraum für Selbstbestimmung, Phantasie und Kreativität bietet als das Arbeitsleben.
Das Zusammenleben mit dem Liebsten als Herausforderung, als „Kunstwerk“, als gelungener Balanceakt zwischen Organisation und Spontaneität – wenn das keine Aufgabe ist! Es setzt allerdings – wie gesagt – voraus, daß man sich erstmal gemeinsam an den Tisch setzt und einer dem anderen darlegt: „So stelle *ich* mir das vor.“ – „Und so stelle *ich* mir das vor.“ Herrlich, wenn beider Wünsche sich in allen Punkten decken! Aber das ist unwahrscheinlich. In den allermeisten Fällen bedarf es auch bei innigster Liebe der Kompromisse, nicht selten des mühseligen Aushandelns. Schließlich geht es um sehr viel: um das Einkaufen, die Ernährungsweise, die Einrichtung der Wohung und das Saubermachen; weiterhin um den Umgang mit dem Geld, dem Urlaub, der Freizeit, den Abenden, dem Wochenende, den Verwandten, Freunden, Nachbarn; und natürlich geht es um die gemeinsamen Liebhabereien, die getrennten Hobbys – und bei all dem letztlich um Wohlbefinden, Gesundheit, Glück. All das sollte einem schon ein bißchen Zeit und Überlegung wert sein. Nicht um der „Bürokratie“ willen, sondern um den notwendigen, aber manchmal ganz schön lästigen Alltagskram möglichst reibungslos und ohne überflüssigen Zeit- und Energieaufwand hinter sich zu

bringen. Und um dadurch dann mehr Zeit zu haben für die schönen Dinge – für die Liebe zum Beispiel.

Eins allerdings sollte man wissen: Die Vereinbarungen, so sorgsam und wohlüberlegt sie auch getroffen wurden, haben keinen Ewigkeitswert. Sie nutzen sich ab – und müssen schon deshalb von Zeit zu Zeit erneuert werden. Vergeßlichkeit und/oder Verdrängung tun ihr Werk. „Ach wirklich?" fragt er abends angesichts des leeren Kühlschranks und fällt erstmal aus allen Wolken, „*ich* wäre heute mit Einkaufen dran gewesen?" Außerdem kann sich das Ausgehandelte in der Praxis als nicht sehr sinnvoll erweisen. Es ist also nicht damit getan, ein für allemal einen Plan zu entwickeln. Was einmal beschlossen wurde, muß vielmehr immer wieder überprüft und gegebenenfalls verändert werden. Im Grunde ist das Planen nichts anderes als eine permanente Auseinandersetzung um alle Details des täglichen Zusammenlebens.

Doch der Aufwand lohnt sich. Läßt man die Dinge schleifen, passiert mit ziemlicher Sicherheit zweierlei: Jeder tut schließlich nur noch das, was er besser kann und lieber macht. Und: Das vielzitierte Ungleichgewicht zwischen Männern und Frauen in Sachen Hausarbeit ist mit Sicherheit schnell hergestellt oder wird sich noch vergrößern. Was Punkt eins betrifft, so könnte man sich natürlich fragen: Warum soll denn nicht wirklich jeder das machen, was er besser kann – das ist doch nur vernünftig? Die Antwort: Weil das den Aktionsradius des einzelnen verengen und zu Stereotypen führen würde, die der Persönlichkeitsentwicklung schaden. Das klassische Beispiel: Er versteht mehr vom Auto und kümmert sich infolgedessen lieber darum als sie. Über kurz oder lang ist die Wartung des Autos ausschließlich seine Sache. Verstand sie schon am Anfang weniger davon, so gerät sie binnen kurer Zeit in der Frage „Auto" vollends ins Hintertreffen. Vielleicht pflegt sie ihre Unkenntnis geradezu und kokettiert: „Ich kann mich gerade noch ans Steuer setzen, ansonsten bin ich völlig hilflos." Womit sie sich allerdings keinen Gefallen tut: Sie verpaßt sich quasi selber den Stempel „Dummerchen“, statt das Thema Autowartung als Herausforderung anzunehmen. Wer weiß, vielleicht schlummern viel mehr technische Fähigkeiten in ihr, als sie ahnt? So aber hat sie sich selber um eine Chance gebracht.

Zu Punkt zwei: Noch immer kann bei der Hausarbeit von gleichen Rechten und Pflichten zwischen Mann und Frau keine Rede sein. Die Statistik weist unerbittlich nach: Die Frauen investieren (bis heute!) pro Woche durchschnittlich achteinhalb Stunden mehr Arbeit in den gemeinsamen Haushalt als die Männer. Allzu häufig, so hat man jetzt herausgefunden, „passiert“ das einfach, ohne daß der Mann – zumal der junge, verliebte, der alles anders und besser machen möchte als etwa sein Vater – es bewußt darauf anlegte. Aber nach wie vor neigen Frauen – auch die jungen – dazu, lieber das Geschirr rasch abzuräumen, die Waschmaschine zu füllen, die Betten frisch zu beziehen, als energisch zu reklamieren: „Laut Plan bist du dran!“ Und die Männer nehmen es natürlich gern hin. Erst noch mit Dankbarkeit, doch sehr bald schon als völlige Selbstverständlichkeit. Vielleicht beeinträchtigt es das Zusammenleben zunächst auch gar nicht. Weil man als Frau seinen Unmut über die eigene Inkonsequenz und die gedankenlose Trägheit des Partners ziemlich lange ignorieren kann.

Doch eines bitteren Tages kracht es: Sie macht die Rechnung auf, und das meist nicht zu knapp. Da ist einerseits seine Mitschuld, deren er sich durchaus bewußt ist, andererseits seine Überzeugung, im Grunde doch nicht für die Situation verantwortlich gemacht werden zu können – das zusammen ergibt bekanntermaßen ein hochexplosives Gemisch.

Fazit: Am besten immer im Gespräch bleiben, sachlich, ohne Nörgelton, um laufend kleine Korrekturen am Stil des Zusammenlebens vornehmen zu können. Das ist unterm Strich weniger Streß und der Liebe weitaus zuträglicher, als alle halbe Jahre vor einem totalen Scherbenhaufen zu stehen.

5. FALLE

Den krieg' ich schon runter von seinem Trip!

Im ersten Moment war sie fasziniert. Sage und schreibe zwölf verschiedene Getreidesorten zählte sie auf seinem Regal. Teilweise mit Namen, die sie nie gehört hatte: Dinkel, Grünkern, Rispenhirse ... Auf seinem Tisch lagen Prospekte, die über Getreidemühlen Auskunft gaben. „Was hast du vor?" fragte sie. „Ich will auf Vollkornkost umsteigen", antwortete er, „Körner, Gemüse, kein Fleisch, kein Weißbrot und zum Süßen Honig statt Zucker".

„Wie bitte?" Sie verstand die Welt nicht mehr. Bisher hatte er sich so gut wie überhaupt nicht ums Kochen gekümmert. Sie hatte für sie beide gekocht. Und fast immer in ihrer Küche, weil die größer und besser ausgestattet war als seine. Dafür schleppte er ihr die Einkäufe hoch (vierter Stock, ohne Lift!) und wartete das gemeinsame Auto. Nach monatelangem Disput hatten sie sich schließlich auf diese Arbeitsteilung geeinigt. Sie hatten gerade begonnen, sich in ihrer Liebe behaglich einzurichten – einer Liebe, die sie angesichts der Heftigkeit ihrer (Umerziehungs-)Auseinandersetzungen schon ein dutzendmal verloren geglaubt hatten. Und nun, quasi über Nacht, diese völlig neue Situation!

Im Grunde, sagte er, sei sein Entschluß nur die logische Fortsetzung der Gespräche, die sie beide immer wieder darüber geführt hätten, wie schwierig es angesichts der Umweltbelastung sei, sich heute noch einigermaßen gesund zu ernähren. Körner und Gemüse, beides aus biologischem Anbau, versteht sich, erschienen ihm da noch als die vernünftigste Alternative. Aber warum so abrupt und ohne daß er mit ihr darüber geredet hätte, wollte sie wissen. Da er sich nun einmal entschieden habe, wolle er die Sache auch konsequent durchziehen, erwiderte er, und sein Alleingang habe ausschließlich mit Rücksicht zu tun: „Ich wollte dich zu nichts überreden, dir nichts aufzwingen." Das klang zwar einigermaßen plausibel, dennoch war sie verärgert, enttäuscht. Und saß abends allein vor ihrem „Andalusischen Hühnchen", einem Gericht, von dem er bislang nie genug hatte kriegen können. Naja, dachte sie nach zwei Gläsern Wein, den krieg' ich schon runter von seinem Trip ...

Doch da hatte sie die Rechnung ohne den Wirt gemacht. Wann immer sie ihn besuchte, blubberte ein blasser Schrotbrei auf dem Herd; oder er schickte gerade ein Säckchen Weizenkörner durch die Mühle; oder er bat sie, ihm bei der Herstellung von Tofu behilflich zu sein. Daß sie seine helle Begeisterung für die japanische Sojabohnenspeise nicht teilte, nahm er gelassen hin: „Das ist eine Frage der Einstellung." Das nächste Mal zeigte er ihr ein Glas mit bernsteinfarbener Flüssigkeit: „Ein Destillat aus Löwenzahnblüten, gewürzt mit Zimt und Muskat ..." Und eine Woche später präsentierte er ihr stolz seine Keimbox: „Jetzt kann ich endlich die Getreidesprößlinge selber ziehen!"

Sie sagte, was sie dachte: „Du übertreibst, du bist verrückt!" Doch ihre Anwürfe erreichten ihn nicht. Er war viel zu gefesselt von der neuen Welt, die er sich soeben erschloß. Und selbst ihr Vorwurf, daß es sich hier ja längst nicht mehr um bloße Ernährung, vielmehr geradezu um „Religion" handele, focht ihn nicht weiter an. Er wirkte wie entrückt. Sie begann zu ahnen, daß es sich hier keineswegs um eine vorübergehende Marotte handelte, um einen „Trip", von dem man ihn alsbald herunterholen könnte, sondern um eine strikt veränderte Weltsicht. Und sie war klug genug zu erkennen, daß es an ihr war, eine Entscheidung zu treffen. Konnte sie seine neue Art zu leben tolerieren, sich ihr womöglich gar anschließen – oder gingen ihr sein Eifer und die Rigidität, mit der er seine neue Ernährungs- und Lebensweise betrieb, doch allzusehr gegen den Strich? Paßten sie beide überhaupt noch zueinander? Früher waren sie, zum Beispiel, gern in die Kneipe gegangen. Jetzt erklärte er: „Ich leg' mich doch nicht krumm, um mich einigermaßen gesund zu ernähren, und setz' mich dann ohne Not dem Zigarettenqualm aus."

Sie fühlte sich hin und her gerissen: Einerseits vermochte sie sich dem Reiz seiner neuen Lehre nicht völlig zu entziehen – zumal seine Thesen im Trend lagen und schon eine ganze Anzahl Bekannte auf Naturkost und einfaches Leben umgestiegen waren. Andererseits irritierte sie sein Sendungsbewußtsein – wenngleich er es weniger ihr gegenüber als gegenüber den Freunden und Kollegen zeigte. Um ihn nicht zu verlieren, entschloß sie sich schließlich zu einer positiven Haltung seiner neuen Lebensweise gegenüber – was ihr zunehmend leichter fiel, je intensiver sie sich ihrerseits mit Fragen ökologischen Kochens auseinandersetzte. Zwar gab sie weiterhin ihrer gemischten Kost den Vorzug, was wiederum er tolerierte, doch vieles von dem, was sie nun las und hörte, gefiel ihr. Happy-End also. Trotz unterschiedlicher Sicht in einer ziemlich wichtigen Frage – und eben nicht, weil es ihr etwa gelungen wäre, ihn „von seinem Trip herunterzukriegen", sondern weil sie ihm entgegengekommen war.

Nicht immer aber ist es möglich, daß ein solcher Konsens gefunden wird. Dies zeigt auch die folgende Geschichte: Alles hatte so vielversprechend begonnen. Voller Begeisterung hatte er ihr zugehört, wenn sie von ihrer Kindheit und Schulzeit in Südafrika erzählte. Er konnte sich gar nicht sattsehen an einem Videofilm, der ihr Elternhaus zeigte, den großen Garten mit Swimmingpool und Tennisplatz, die freundlich blickenden Eltern, Geschwister, Nachbarn und die ebenso freundlich dreinschauenden schwarzen Bediensteten, die Tabletts mit Gläsern und Snacks herumreichten.

„Meine Eltern bezahlen unsere Schwarzen überdurchschnittlich gut", sagte sie. Dieses „unsere" irritierte ihn ein wenig. Schwang da nicht so etwas wie koloniale Arroganz mit? Doch er verdrängte das Unbehagen, das ihn angesichts des besitzanzeigenden Fürworts ergriffen hatte. Zumal sie seine Ansicht zu teilen schien, daß es Unrecht, ja pure Absurdität sei, der großen schwarzen Mehrheit der südafrikanischen Bevölkerung nur geringere Rechte zuzubilligen.

Sie beschlossen eine gemeinsame Reise in ihre Heimatstadt Johannisburg. Sie wollte ihm ihre Familie vorstellen. Er nahm sich vor, mit ihr zusammen seine Kenntnisse in Sachen Rassentrennungspolitik zu erweitern. Ihr Elternhaus und der Garten erwiesen sich als noch luxuriöser und weitläufiger, die Eltern, Geschwister und Nachbarn als noch herzlicher, als nach dem Film anzunehmen war. Ihre großzügige Gastfreundschaft überwältigte ihn. Doch seine uneingeschränkte Begeisterung hielt nicht lange vor. Den Garten durchstreifend entdeckte er, verborgen hinter Büschen und Bäumen, das armselige Quartier der schwarzen Dienstmädchen: drei Frauen in einem einzigen winzigen, fensterlosen Raum, Kochstelle und Wasserhahn draußen vor der Hütte. Später bei Tisch erzählte er von seinem heißen Erschrecken. Die Mutter seiner Freundin schnitt ihm das Wort ab: „Das ist doch lachhaft, schauen Sie sich erstmal so ein Township an, dann wissen Sie Bescheid, was Armut ist und wie gut es die Schwarzen hier bei uns haben!"

Er besuchte tatsächlich eines der schwarzen Stadtviertel Johannisburgs – und wußte nun Bescheid. Doch das beruhigte ihn nicht. Im Gegenteil. Die Realität hatte seine schlimmsten Befürchtungen noch übertroffen. Doch seine Gastgeber schien das nicht im geringsten zu interessieren. Immer wieder versuchte er, seine Freundin darüber ins Gespräch zu ziehen. Es gelang nicht. Er machte ihr Vorhaltungen, verwies auf die Diskrepanz zwischen Theorie und Praxis: Hatten sie vor ihrer Abreise nicht gemeinsam die Rassentrennungspolitik Südafrikas beklagt? Hier nun, vor

Ort, schien das kein Thema mehr zu sein. Noch nie, zum Beispiel, hatte sie den Wunsch verspürt, die Familie und die Wohnverhältnisse einer schwarzen Bediensteten auch nur kennenzulernen. Je heftiger er ihre Gleichgültigkeit kritisierte, um so wütender verbat sie sich seine Einmischung in Dinge, von denen er keine Ahnung habe. Sie habe hier gelebt, nicht er! Schließlich konnte sich keiner von beiden mehr vorstellen, daß sie erst vor zwei Wochen händchenhaltend im Flugzeug gesessen hatten. Und als er erklärte, er wolle die Gastfreundschaft ihrer Familie nicht länger in Anspruch nehmen und statt dessen bis zum Abflugtermin auf eigene Faust das Land bereisen, erhob sie keinen Widerspruch. Als sie sich nach zwei weiteren Wochen in der Abflughalle wiedersahen, begegneten sie sich mit der Höflichkeit nur flüchtig Bekannter. Eine Liebe war zerbrochen.

Zwei Geschichten, die darauf verweisen, daß alles, was hier bislang zu den Problemen in der Umerziehungsphase gesagt wurde, noch eine Zuspitzung erfahren kann. Und zwar dann, wenn unterschiedliche Lebensanschauungen, unterschiedliche politische Ansichten ins Spiel kommen. Dann geht es eben nicht länger „nur" um unterschiedliche Freizeit-, Einkaufs-, Schlafgewohnheiten oder etwa um unterschiedliche Temperamente, sondern um Einstellungen, die das Leben in all seinen Erscheinungsformen, in all seinen Verästelungen bestimmen. So wird, beispielsweise, ein Mensch, der einer konservativen Partei angehört und in ihr wirkt, sich auch in Bereichen außerhalb der Politik als der Bewahrende, am Alten Festhaltende erweisen; in seinem Verhältnis zur Familie zum Beispiel, oder zur Kunst. Man braucht sich ja nur einmal das völlig unterschiedliche äußere Erscheinungsbild der Parteitage der CDU und der Grünen zu vergegenwärtigen – dort die korrekten Anzüge, die sorgfältig gestutzten Frisuren, die gemessenen Reden; hier die saloppe Aufmachung und die das Bestehende in Frage stellenden Äußerungen –, um sich zu vedeutlichen, wie sehr die Weltanschauung eines Menschen auch sein Äußeres, sein Auftreten, seine Lebensweise prägt. Weshalb es natürlich nicht verwunderlich ist, wenn Partner aus zwei unterschiedlichen Lagern in der Umerziehungsphase noch weit heftiger miteinander rechten als Leute, deren Grundpositionen sich zumindest ähneln. Wobei auch hier gilt: Je unerbittlicher die beiden verschiedenen Weltsichten vertreten werden, um so schwerer fällt gegenseitige Toleranz – und um so seltener kommt es zu einer Aussöhnung, die letztlich die Voraussetzung für die gegenseitige Akzeptanz ist. Aussöhnung nicht unbedingt im Sinne einer Übernahme der Sicht des anderen, sondern des Respektes vor dessen Meinung, dessen Lebensform.

Wenn etwa der eine bei Greenpeace mitarbeitet und der andere nicht (weil er das angesichts der schier unlösbaren Umweltprobleme für verlorene Liebesmüh hält), so muß das eine Beziehung noch nicht unbedingt gefährden. Jedenfalls so lange nicht, wie der Resignierte die Aktivität des anderen zumindest achtet. Ist aber zum Beispiel der eine tiefreligiös und praktizierender Christ, der Halt und Trost darin findet, sich in Gottes Hand zu wissen – während der andere eben diese Haltung als „Krücke" verachtet und darin ein Unvermögen des Partners sieht, sich der „gottlosen Realität" zu stellen – dann schließen sich beider Weltsichten gewissermaßen gegenseitig aus, und eine Liebesbeziehung ist auf Dauer nicht möglich.

Nicht immer allerdings liegen die Dinge so klar auf dem Tisch. So konnte die Unvereinbarkeit der Lebensvorstellungen eines Paares erst nach zahlreichen Beratungsstunden bei einem Psychologen aufgedeckt werden. Die junge Frau erlitt immer dann einen Migräneanfall, wenn sie Gäste erwarteten. Der Mann, ein ausgezeichneter Hobbykoch, liebte es, seine Freunde üppig zu bewirten. Er genoß seine Rolle als Gastgeber, dem keine Mühe zu groß war, wenn es darum ging, seine Gäste zu verwöhnen. Das kostete natürlich ziemlich viel Geld. Doch vertrat er die Ansicht, daß man Geld gar nicht sinnvoller ausgeben könne als für fröhliche Gastmähler. Die Großzügigkeit ihres Mannes aber wurde der Frau zunehmend zur Qual. Zunächst war ihr das allerdings nicht bewußt. Sie hatte ja nichts gegen die Leute, die ihr Mann ins Haus brachte. Sie beteiligte sich auch ganz selbstverständlich an den Vorbereitungen. Allerdings nicht aus Lust, sondern aus Pflichtgefühl, wie sich später herausstellte. Erst das wiederholte prompte Zusammenfallen der beiden Ereignisse – Migräneanfall und Gäste bekommen – machte ihr deutlich, daß ihr die Freigebigkeit ihres Mannes völlig gegen den Strich ging. Sie selbst war außerstande, irgend etwas von sich preis- oder etwas herzugeben. Sie sprach wenig, zeigte selten Gefühle – eine strenge, kühle Schönheit, der es nie in den Sinn kommen würde, etwa ganz spontan irgend etwas zu verschenken, so wie ihr Mann das manchmal tat. Da konnte es schon passieren, daß einem Freund beim Abschied der schöne alte Briefbeschwerer, den der so bewundert hatte, in die Hand gedrückt wurde. Für sie war das eine Tortur. Und je generöser er auftrat, um so mehr geizte sie mit allem. Schließlich rechnete sie ihm vorwurfsvoll die Anzahl der Weinflaschen vor, die während des Abends leergetrunken worden waren. Seine Fassungslosigkeit und seine Empörung ließen sie sich immer weiter verschließen. Bis am Ende gar nichts mehr ging. Der Mann, offen der Welt zugewandt, und die Frau, ganz in sich selbst zurückgezogen, hatten keine gemeinsame Basis mehr.

Statistisch gesehen bevorzugen die Menschen bei der Partnerwahl denn auch eher den Weg des geringsten Widerstandes. Sobald es um Politik, Religion, Fragen der Weltanschauung geht, gilt ziemlich durchgängig: Gleich und gleich gesellt sich gern. Das heißt: Linke gesellen sich meist zu Linken, Rechte zu Rechten, praktizierende Christen zu ebensolchen, und an Politik Uninteressierte bleiben am liebsten unter sich. Natürlich gibt es Ausnahmen (die die Regel bestätigen). Und immer wieder passiert es, daß ein Partner sich im Verlauf der Beziehung verändert – während der andere bleibt, wie er war, als sich die zwei ineinander verliebten.

Da entsagt der Leistungsbetonte über Nacht der Karriere, um unter toskanischen Bauern das einfache Leben zu suchen, die bis jetzt gesellschaftspolitisch Inaktive setzt sich mit all ihrer Kraft für

eine Bürgerbewegung ein, der kühle Rechner übt den Urschrei, oder einer verschreibt sich von heute auf morgen mit aller Konsequenz einer alternativen Ernährungsweise. All dies stellt die Partnerschaft auf eine harte Bewährungsprobe. Auseinandersetzungen sind unausweichlich – ihr Ausgang ist ungewiß.
Eine interessante Variante ist das Thema Ehen zwischen Menschen unterschiedlicher Nationalität: Von den rund 420 000 Brautpaaren, die im Jahre 1990 vor deutsche Standesämter traten, war immerhin jedes zehnte ein gemischtes Paar. (Und nach Auskunft der Kommunalverwaltungen steigt der Trend.) In solchen Beziehungen treffen häufig genug zwei völlig unterschiedliche Kulturen aufeinander und – das wird auf zweierlei Weise erlebt: als bereichernd und herausfordernd einerseits – und als unverständlich und irritierend andererseits. Das Erstaunliche daran: Ehen mit Ausländern werden nicht häufiger geschieden als deutsch-deutsche. Was den Schluß nahelegt, daß bei gemischten Paaren die Umerziehungsphase – also jener Abschnitt in der Partnerbeziehung, in dem sich entscheidet, ob man auf Dauer zusammenbleibt oder nicht – letztlich genauso gut (oder schlecht) bewältigt wird wie in Verbindungen zwischen Menschen gleicher Nationalität. Eine Hamburger Gruppe deutscher Frauen, die mit Ausländern verheiratet sind, hat in Zusammenarbeit mit Eheberatern ein kleines Programm entwickelt, das das Sichzusammenraufen der Partner erleichtern soll. Die Ratschläge können auch für deutsch-deutsche Paare, in denen unterschiedliche Weltanschauungen Probleme aufwerfen, hilfreich sein.
In diesem Programm wird vor allem die Neugierde, der Wissensdurst, beschworen und die daraus resultierende Bereitschaft, die Sicht des anderen, seine politische Haltung, seine Religion genau zu studieren. Das Anderssein des Partners wird als Chance gewertet, den eigenen Horizont zu erweitern. Die allererste Voraussetzung, um sich diesem Anderssein offen stellen zu können, aber ist, sich der Gleichwertigkeit bewußt zu werden: Deine Sicht der Dinge ist genausoviel wert wie die meine – auch wenn sie mir

vielleicht zunächst befremdlich erscheint. Sich auf diese Gleichwertigkeit zu verständigen, kann natürlich nur gelingen, wenn sich beider Haltungen nicht gegenseitig ausschließen. Bei dem einen eine latent rassistische Position oder auch „nur" Gleichgültigkeit angesichts der Ungerechtigkeit gegenüber der schwarzen Bevölkerung, bei dem anderen ein explizites Parteiergreifen gegen Apartheid: In einer solchen Konstellation kann es keine Übereinkunft, keine Aussöhnung geben. Bloße Fremdheiten hingegen lassen sich entweder tolerieren oder schließlich vielleicht sogar aufheben.

Ein Beispiel: Eine mit einem Syrer verheiratete Deutsche (in Hamburg) sah ihre noch junge Ehe bereits auf das äußerste gefährdet. Was sie und ihren Mann zunehmend trennte, war nicht mehr und nicht weniger als ihre unterschiedliche Haltung zur Sonne. Während sie, licht- und wärmehungrig wie die meisten Menschen hierzulande, jeden Sonnenstrahl nutzte, um ins Freie zu gehen, zog er die Vorhänge zu und blieb am liebsten im Bett. So geriet ihnen im Sommer so manch strahlender Sonntagmorgen zur Ehetragödie. Sie wollte raus, so früh wie möglich, schließlich sollte keine Minute dieses kostbaren Tages ungenutzt bleiben. Er wollte drinnen bleiben – zumindest bis am Spätnachmittag die Sonne schräger stünde. Sie begriff ihn nicht, zieh ihn der Schwerfälligkeit und Faulheit. Er begriff sie nicht, verspottete ihre Zwanghaftigkeit, beim ersten Sonnenstrahl alles stehen und liegen zu lassen und aus dem Haus zu stürzen. Jeder versuchte, den anderen ins eigene Lager herüberzuziehen. Vergeblich. Die Fronten verhärteten sich eher. Die gegenseitige Aggression wuchs. Bis sie sich beide – ausgelöst durch einen Besuch seiner Familie in Hamburg – ihre durch die heimatlichen Klimaverhältnisse geprägte unterschiedliche Bewertung der Sonne bewußt machten. Für sie war der Begriff Sonne positiv besetzt, für ihn negativ. Während sie Zeit ihres Lebens Sonne gesucht hatte, hatte er sich, wenn irgend möglich, vor ihr verborgen. Für sie war Sonne Lebenselexier, Wohlbefinden, für ihn sengende Hitze, Dürre,

Leiden (eine Verinnerlichung, die selbst noch in einem sonnenarmen, kalten Land nachwirkte). Die Aufdeckung dieses gar nicht so kleinen Unterschiedes löste zweierlei aus. Erstens verstanden sie nun ihre unterschiedlichen Bedürfnisse und konnten sogar darüber lachen – und Kompromisse schließen. Zweitens weckte die Geschichte mit der Sonne ihr Interesse für die Kultur seines Heimatlandes, die ihr, da das Paar in Deutschland lebte und auch vorhatte zu bleiben, bis dahin ziemlich gleichgültig gewesen war. So erschloß sie sich eine neue Welt, gewann also dazu.
Dies mag ein etwas exotisches Beispiel sein, trifft aber den Kern: Wenn es um Weltanschauungen geht, gelingt es nur in den seltensten Fällen, den anderen „von seinem Trip herunterzukriegen". Weil es gar kein Trip, kein Ausflug ist – vielmehr Prägung, Haltung, Lebenserfahrung, Zielsetzung, Vision. Da hilft nur der Versuch der Aussöhnung und gegenseitiges Respektieren. Gelingt dies nicht, so ist das in den meisten Fällen auch das Aus für die Liebe. Sich, aus zwei „feindlichen" Lagern kommend, zu begegnen, mag für den (kurzen) Augenblick genügen. Dauer hat eine solche Liebe nicht (oder nur höchst selten). Es sei denn, es handelt sich um vorgefundene feindliche Lager – in die man hineingeboren wurde. Das wiederum scheint die Liebe geradezu zu beflügeln. Wie bei Shakespeares „Romeo und Julia", die zwei verfeindeten Veroneser Adelsfamilien entstammen und selbst den Tod nicht scheuen, um einander anzugehören, und über deren Gräbern sich die einstigen Feinde die Hand zur Versöhnung reichen: Liebe, deren verbindende Kraft über das Grab hinaus wirkt.
So weit denken wir heute aber gar nicht. Uns würde es genügen, wenn die Liebe fürs Leben reichte. Oder zumindest für ein gutes Stück davon.

3 Die Akzeptanz Phase

Jetzt sind wir ein Paar!

»Wer sich aber liebt, der findet es mit großer Wahrscheinlichkeit wieder: das Traumhaus, das Luftschloß, das zu Beginn der Liebe gebaut wurde.«

In jeder Liebe stellt sich irgendwann die Frage: „Ja oder nein?“ „Ja“ – wir sehen eine gemeinsame Perspektive und sind entschlossen, ein Stück Weges – vielleicht sogar das ganze Leben – gemeinsam zu gehen. „Nein“ – unterm Strich kommt für jeden von uns beiden zuwenig dabei heraus, wir trennen uns wieder.
Diese Entscheidung wird manchmal sehr rasch gefällt, zuweilen sogar allzu wenig überdacht. Die meisten Paare aber nehmen sie sehr ernst. Nicht selten dauert es Monate oder gar Jahre, bis man sich endgültig entschieden hat. Ein Wunder ist das nicht. Weil der Entscheidungsprozeß nur selten bei beiden Partnern gleich verläuft. Immer

wieder passiert es, daß dem Nein des einen ein derart vehementes Ja des anderen entgegengesetzt wird, daß derjenige, der sich trennen wollte, sein Nein verunsichert wieder zurücknimmt, um einen neuen gemeinsamen Versuch zu wagen. Vor allem aber: Sich auf Dauer für jemand zu entscheiden – das ist ja nun tatsächlich eine der folgenschwersten Weichenstellungen, die wir in unserem Leben zu bewerkstelligen haben.
Sicher, man kann auch wieder auseinandergehen, sich scheiden lassen, aber dieser Gedanke wird (in der Regel) nicht mitgedacht, wenn zwei sich das Jawort geben.
Was aber gibt den Ausschlag? Was bewirkt letztlich den Entschluß, ja zu sagen? Um uns darüber klar zu werden, müssen wir gedanklich an den Anfang unserer Liebe zurückgehen, müssen wir die Geschichte unserer Beziehung noch einmal Revue passieren lassen. Zwei erinnern sich: Zu Beginn war eitel Wonne, schiere Begeisterung. Jeder gefiel dem anderen rundum. Ihn begeisterte vor allem ihre Konzentriertheit, ihre Geradlinigkeit, ihre Ruhe. Sie vor allem seine Spontaneität: Da war jemand, der von einem Augenblick auf den anderen alle kleinlichen Bedenken beiseite zu schieben in der Lage war; der um Mitternacht noch von München nach Salzburg fuhr, um für eine übermütige halbe Stunde ins schickste Nachtcafe der Stadt einzutauchen. Gerade rechtzeitig zum Arbeitsbeginn war man wieder zu Hause. Welch ein Hochgefühl! Oder will hier jemand behaupten, die Nacht sei nur zum Schlafen da?
Doch dann kam die Umerziehungsphase, die Entzauberung der/des Geliebten. Und dieser schreckliche Streit, der so klein begann und so verheerend endete. Sie war

gerade dabei, eine ziemlich komplizierte Torte für ein Fest zu backen, das sie am Abend gemeinsam besuchen wollten. Er kam in die Küche getänzelt, umarmte sie und sagte: „Komm, laß die Backerei, gehen wir ins Kino!“ Sie, die Hände bemehlt, umstellt von Schüsseln und Schüsselchen mit Teigen und Cremes, geriet außer sich – aus dem Stand gewissermaßen und für ihn völlig unerwartet, in Wirklichkeit jedoch bahnte sich der Konflikt schon seit geraumer Zeit an. Seine Unruhe, seine Unbeständigkeit und sein Unvermögen, das im Augenblick Notwendige zu akzeptieren – die Kehrseite seiner Spontaneität –, hatten sie schon seit einer ganzen Weile zunächst irritiert, schließlich erheblich genervt. Allerdings ohne daß sie ihren Unmut bislang geäußert hätte. Jetzt brach er sich Bahn (potenziert durch die Vorgeschichte). *Er* fiel natürlich aus allen Wolken, wehrte sich mit Händen und Füßen – verwies mit Recht auf ihr anfängliches Entzükken über seine Impulsivität. Er beschuldigte sie des Verrats, der Abkehr von ihrer Liebe zu ihm – und behauptete schließlich, ihre Starrheit würde ihm immer mehr zum Klotz am Bein, den er schon aus Rücksicht auf sich selbst nicht länger hinnehmen dürfe.

Sie dagegen warf ihm vor, daß sie seinetwegen zu rein gar nichts mehr komme, all ihr Planen und Organisieren werde sinnlos angesichts seines Verhaltens … Die Szene geriet zum Tribunal; binnen kurzem stand ihre Beziehung insgesamt zur Debatte. Was war passiert? Die ausschließlich positive Aufladung der Faszinationszeit war ins ausschließlich Negative umgekippt. Eine höchst irritierende, doch typische Erfahrung in der Umerziehungsphase. Vielleicht erlebt sie nicht jedes Paar derart zugespitzt und durchschaubar wie in dem eben beschriebenen Fall, aber am Prinzip ändert das nichts. Wie bereits erwähnt: Die meisten Paare scheitern daran. Ihre Liebe erscheint ihnen unversehens als ein einziges Mißverständnis. Trennung also.

Der kleinere Teil beschließt nichtsdestotrotz: Wir bleiben zusammen! Was unterscheidet diese von jenen? Die aufrichtigere Liebe? Ein Mehr an gegenseitiger Toleranz? Oder ist es womöglich nur Resignation, was sie und ihn zusammenhält? Die Furcht davor, von neuem auf Partnersuche gehen zu müssen? All dies mag eine gewisse Rolle spielen, trifft aber nicht den Kern. Es würde auch den Begriff Akzeptanz nicht rechtfertigen, den Psychologen diesem Phänomen gegeben haben. Denn hier geht es ja keineswegs um zähneknirschendes Hinnehmen, vielmehr um überzeugte Bejahung. Wie aber kommt die zustande?

Aus der Arbeit der Psychologen und Partnerschaftstherapeuten wissen wir, daß eine tragfähige gegenseitige Akzeptanz dann entsteht, wenn folgendes passiert: Paare, die schließlich ja zueinander sagen, um ein gemeinsames Leben aufzubauen, können sich einen Teil der fast ausschließlich positiven Beurteilung des Partners und seiner Verhaltensweisen während der Faszinationsphase („Er ist einfach wunderbar!") nun wieder zurückholen. Dieser positive Teil wird der fast ausschließlich negativen Einschätzung des Partners in der Umerziehungsphase („Er ist eine einzige Enttäuschung!") hinzugefügt. Dadurch entsteht eine interessante Mischung, die beiden Partnern ein breites Beurteilungs- und Verhaltensspektrum bietet; und nicht zuletzt den quälenden Einbahn-

straßen-Krächen der Umerziehungsphase ein Ende bereitet.
Um deutlich zu machen, worum es hier geht, wenden wir uns noch einmal dem Pärchen in der Küche zu: Sie ist, wie gesagt, dabei, eine Torte zu backen. Er macht den Vorschlag, alles stehen und liegen zu lassen und ins Kino zu gehen. Diese Konstellation ist zunächst völlig wertfrei. Sie könnte sowohl am Anfang einer Liebe als auch in der Umerziehungs- oder in der Akzeptanzphase stattfinden. Schließlich ist er von Natur aus ein spontaner Typ und wird das ja wahrscheinlich auch bleiben. Sie aber kann jetzt – in der Akzeptanzphase angekommen – ihr eingangs beschriebenes Verhalten ändern. Und beispielsweise sagen: „Du bist ja vielleicht gut, guck lieber mal ins Kochbuch und lies mir vor, was ich mit der Zitronencreme machen soll!“ Oder: „Du spinnst wohl ein bißchen, sollen wir heute abend mit leeren Händen dastehen?“ Sie sagt das ohne Aufregung. Sie kennt ihn ja, ihren Sponti. Und seine verrückten Einfälle haben ihr ja auch schon so manches Mal den grauen Alltag hübsch bunt herausgeputzt – aber zuweilen schießt er eben übers Ziel hinaus. Nun, da sie sich ein Stück Begeisterung aus der Faszinationsphase zurückgeholt hat, ist sie ihm aber nicht länger gram deswegen, empfindet seinen Vorschlag auch nicht mehr als Konkurrenz zu ihrem eher planerischen Vorgehen oder gar als Angriff auf ihre Person, sondern nimmt ihn als das, was er ist: als einen seiner Einfälle, auf die sie eingehen *oder* von denen sie sich abgrenzen kann. Ganz souverän. (Und in aller Liebe.) Auf dieses *oder* kommt es an, das heißt: auf den frischerworbenen erweiterten Handlungsspielraum.

Das kann natürlich nur funktionieren, wenn der Partner mitspielt; wenn er also im Hinterkopf hat, was ihn zu Beginn ihrer Liebe so sehr faszinierte – in diesem Fall: ihre Zielstrebigkeit, ihr Organisations- und Koordinationstalent. Eine Frau, auf die man sich hundertprozentig verlassen kann, wunderbar! In der Umerziehungsphase dann die Demontage. Er sieht nur noch die viel zu Erdverhaftete, die seine hochfliegenden Pläne noch nicht einmal im Ansatz nachvollziehen kann. Mittlerweile akzeptiert er die Mischung aus Plus und Minus. Mit dem Resultat: mehr Handlungsspielraum auch für ihn. Die Küchenszene zum Beispiel ermöglicht ihm eine ganze Anzahl von Rollen. Als Reaktion auf ihre Weigerung, mit ihm ins Kino zu gehen, kann er den milde Beleidigten spielen. Wobei ihm klar ist, daß das keine sonderlich tragende Rolle ist. Weshalb er sie auch nur kurz anklingen läßt. Denn schließlich weiß er ja auch, daß sie in diesem Fall recht hat. Er kann auch den Selbstkritischen abgeben: „Ich seh' schon, das war kein besonders guter Einfall …" Oder den Vergeßlichen, Hilfsbereiten: „Ach du liebe Zeit, an die Torte hatte ich ja gar nicht mehr gedacht! Was kann ich tun?" Sicher gibt es noch weitere Varianten. Eine – die die meisten Paare in der Umerziehungsphase immer wieder bis zur Erschöpfung durchgespielt haben – kann er nun aber sich selbst (und ihnen beiden) ersparen: die Rolle dessen, der sich einerseits unverstanden und andererseits angegriffen fühlt und entsprechend panisch reagiert. Jeder der beiden erkennt im jeweils anderen Minus *und* Plus – und sieht sich auch selber imstande, auf diese *oder* jene Weise zu reagieren. Was im geschilderten Fall bedeutet: Sie fühlt

sich zwar durch seine Spontaneität gestört, weiß aber auch um die positiven Seiten seiner Impulsivität und reagiert deshalb weder unangemessen grob noch besserwisserisch noch abqualifizierend, sondern – der Geringfügigkeit des Anlasses entsprechend – gelassen. Ihm geht es ähnlich: Zwar wäre er gern seiner spontanen Eingebung gefolgt und ist nun ein bißchen enttäuscht. Aber letztlich akzeptiert er ihre Entscheidung – und sie womöglich (wie früher) als „Bremse schlechthin" zu denunzieren, das käme ihm nun denn doch zu lächerlich vor.
Diese größere Souveränität beider Partner, dieser erweiterte Handlungsspielraum aber eröffnet schier unbegrenzte Möglichkeiten. Jetzt kann sich die Beziehung entfalten. Die Angst vor Unterdrückung, die Angst, mißverstanden zu werden, sind endgültig vom Tisch. Und das selbstverständliche Ja zum Partner ist die (fast) logische Folge. Bei manchen Paaren stellt sich diese neuentflammte Begeisterung füreinander ein, ohne daß sie sich bewußt darum bemüht hätten. Erst in der Rückbesinnung (oder im Gespräch miteinander oder mit Freunden) wird ihnen die Veränderung klar. Und plötzlich wissen sie, *was* sie soviel leichter atmen, soviel besser miteinander auskommen, soviel mehr und interessantere gemeinsame Perspektiven entdecken läßt. Und ihre Freude darüber verdichtet sich zur Gewißheit: Jetzt sind wir ein Paar!
In der Mehrzahl der Partnerbeziehungen aber bedarf es bewußten Bedenkens, Umdenkens, Neudenkens (und manchmal auch des Rates von Fachleuten), ehe die Voraussetzungen für gegenseitige Akzeptanz – so wie wir sie hier verstehen – geschaffen sind. Daß Liebe bei alledem

unerläßlich ist, bedarf wohl kaum der Erwähnung. Doch Liebe allein reicht nicht. Wir wissen ja inzwischen: Sich zu lieben bedeutet noch keineswegs automatisch, auch miteinander auskommen und leben zu können. Wer sich aber liebt, der findet es – nach der unvermeidlichen Zeit der Frustration über den jeweils anderen – mit großer Wahrscheinlichkeit wieder: das Traumhaus, das Luftschloß, das zu Beginn der Liebe gebaut worden war. Mittlerweile mögen im Schlachtgetümmel der Umerziehungsphase seine Fenster zerschlagen und seine Dachziegel herabgestürzt sein. Aber das Gerüst steht noch – und läßt die Kühnheit und die Eleganz der Architektur zumindest erahnen. Warum das Haus nicht Stück für Stück wieder aufbauen? Diesmal vielleicht mit etwas weniger Zierrat und Schnörkeln, dafür aber stabiler und praktischer; und vielleicht tatsächlich mit zwei Schlafzimmern anstatt des ewigen gemeinsamen Bettes …

Die Schweizer Psychotherapeutin Verena Kast hält in ihrem vielbeachteten Buch „Paare“ (Stuttgart 1984) dieses neuerliche Schöpfen aus den Hochgefühlen der Faszinationsphase für das Gelingen einer Liebe für gänzlich unerläßlich. Sie nennt das „Beziehungsphantasie“. In dieser Phantasie zeige sich nicht nur, was der jeweilige Partner für den anderen sein könne, sondern auch die eigene Vorstellung davon, „was er oder sie aus mir herausliebt“. Womit das Stichwort quasi in der Luft liegt: Beziehungsarbeit. Denn die gegenseitige Akzeptanz, das Jasagen zueinander, ist ja nicht das Happy-End (Vorhang zu!) – sondern erst der Anfang. Jetzt die Ärmel hochzukrempeln, schadet gar nichts. Es gibt nämlich tatsächlich eine ganze Menge zu tun.

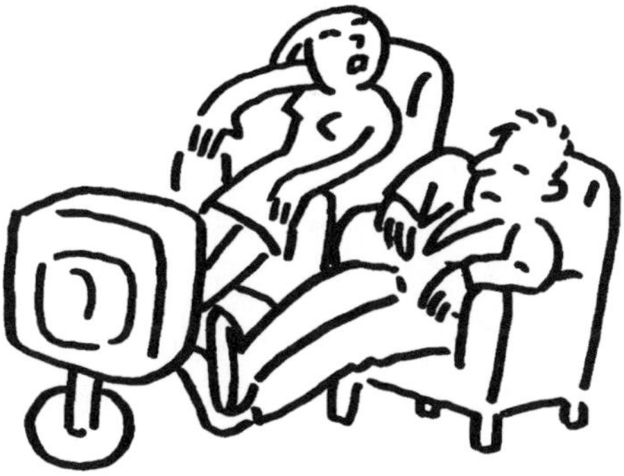

1. FALLE

Jetzt kann nichts mehr passieren – wir haben uns ja

Das Gefühl, nun tatsächlich zusammenzugehören – für immer und immer –, das war, als ob sich eine riesige Landschaft vor mir auftäte, mit Hügeln, Tälern, Ortschaften. Ich wollte unverzüglich losgehen, mir alles zu erschließen.“ – „An dem Abend, an dem wir beschlossen hatten: ‚Wir ziehen zusammen‘, haben wir noch lange am Fenster gestanden und die Sterne beguckt. Uns war ganz feierlich zumute.“ – „Nachem ich zugestimmt hatte: ‚Also gut, wir schmeißen unsere Klamotten zusammen‘, ist mir ganz heiß geworden. Ach du liebe Zeit, habe ich gedacht. Erst nach vier Tagen war ich soweit, daß ich anderen davon erzählen konnte. Dann allerdings mit Begeisterung.“ – „Ich habe als erstes meinen Freund angerufen und zu ihm gesagt: ‚Ich glaube, ich habe eben die größte Dummheit meines Lebens begangen – ich habe Helga einen Heiratsantrag gemacht.‘ Mein Freund sagte: ‚Was Besseres hättest du doch gar nicht tun können! Herzlichen Glückwunsch!‘ Genau das hatte ich hören wollen. Ich war sehr bewegt.“

Das sind einige Aussagen zu dem Entschluß, zu heiraten oder mit dem Partner zusammenzuleben; beliebige Aussagen unterschiedlicher Menschen. Doch gibt es eine Empfindung, die diese vier wohl mit den meisten anderen in gleicher Situation teilen: das

Bewußtsein von etwas Außerordentlichem, Bedeutsamem, Lebensbestimmendem. Wie ältere und neuere Umfragen unter Frischgetrauten ergeben, nimmt die Mehrzahl der Paare ihr gegenseitiges Jawort, das sie sich öffentlich gegeben haben, außerordentlich ernst. Ihr Wunsch und Wille, eine funktionierende, dauerhafte Beziehung aufzubauen, ist zutiefst aufrichtig. Und: Wer vor den Traualtar oder den Standesbeamten tritt, ist (fast immer) vollkommen überzeugt davon: Wir schaffen es, glücklich miteinander zu werden! Dem stehen die hohen Scheidungsziffern gegenüber. Pro Jahr werden hierzulande rund 130 000 Ehen geschieden, das heißt mehr als jede dritte. In unseren Großstädten endet gar jede zweite Ehe vor dem Scheidungrichter. Hinzu kommt die nicht bekannte Zahl der Trennungen bei Paaren, die ohne Trauschein zusammenleben (und deshalb nicht statistisch erfaßt sind). Aus alledem wird deutlich: Der Widerspruch zwischen Wunsch und Wirklichkeit ist beträchtlich und auch noch längst nicht vollends enträtselt.

Zuweilen bringt das Ergebnis einer einschlägigen Untersuchung etwas Licht ins Dunkel; wie etwa die Bestandsaufnahme des Bundesfamilienministeriums über die Gepflogenheiten der Männer in punkto Hausarbeit – vor und nach der Eheschließung. Der zufolge sind die Männer vor der Heirat viel eher bereit, zu Besen oder Geschirrtuch zu greifen, als danach. Ähnliches wissen wir über das Verhalten von Männern *und* Frauen in Sachen Kleidung, Essen, aber auch bei der Wahrnehmung von Interessen außer Haus.

Vor der Heirat sind viele von uns sehr viel mehr auf ihr Äußeres bedacht, sind gesellschaftlich aktiver, also im weitesten Sinn interessierter und interessanter als nach der Eheschließung. So sehr sicherlich Skepsis gegenüber derartigen Statistiken und Untersuchungen oder auch Einzelbeobachtungen geboten ist, so heftig drängt sich dennoch der Eindruck auf, daß das Ja vor dem Standesbeamten gar nicht so selten den Impuls auslöst, sich von nun an gemütlich zurückzulehnen, sich nicht länger sonderlich um die

Partnerschaft zu bemühen. Sich anstrengen, um für den Partner attraktiv zu bleiben? Wo doch jetzt gar nichts mehr passieren kann? Wo man sich doch endlich hat? Hier lauert eine besonders gefährliche Falle. Und hier müßte denn auch einsetzen, was die Psychologen mit dem spröden, bedeutungsvollen Wort „Beziehungsarbeit“ umschreiben. Denn leider läuft in einer Paarbeziehung so gut wie gar nichts von allein, und es kann – wenn man diese Tatsache nicht ständig im Auge behält – eine ganze Menge passieren.

Was aber ist Beziehungsarbeit? Zuallererst müßte mit dem nach wie vor weitverbreiteten Irrtum aufgeräumt werden, die Liebe sei so eine Art Guthaben, von dem von nun an gezehrt werde. Ist das Guthaben groß, reicht es lange. Ist es klein, verbrauchen wir es entsprechend rascher. Wer die Dinge so sieht, kann natürlich getrost seine Hände in den Schoß legen. Die Liebe (was auch immer darunter zu verstehen ist) tut ihr Werk, und damit basta. Was aber ist „die Liebe“ wirklich? Eine Frage, an der sich seit Anbeginn der Menschheit die Phantasie der Menschen entzündet, wie wir wissen. Eine der bis heute schlüssigsten und tragfähigsten Definitionen hat der amerikanische Psychoanalytiker Erich Fromm in seiner bereits 1956 erschienenen Schrift „Die Kunst des Liebens“ (Berlin 1980) geliefert: „Die Liebe ist eine Aktivität und kein passiver Affekt. Sie ist etwas, das man in sich selbst entwikkelt, nicht etwas, dem man verfällt.“ Er nimmt der Liebe ausdrücklich das *Haben* und macht sie zu einer Frage des *Seins*. Danach ist die Liebe nichts, das zu haben wäre, nichts, das man besitzen, anfassen, hören, sehen, riechen oder schmecken kann. Sondern etwas, das erst durch Aktivität entsteht. Immer wieder von neuem.

Aktivität (um der Liebe willen) – das ist der Blick, den zwei sich zuwerfen, die Hand, die sie einander reichen, der Gedanke an den Geliebten, das Kleid, das sie anzieht, weil sie weiß, daß er es besonders mag, das Geschenk, das sie für ihn aussucht. Aktivität (um der Liebe willen) – das ist die Freude, die er auf dem Heimweg empfindet, weil er weiß: gleich wird er sie wiedersehen; aber auch die Rücksicht, die ihn auf Zehenspitzen gehen läßt, um ihren Schlaf nicht zu stören. Aktivität (um der Liebe willen) ist aber auch Widerspruch, Auseinandersetzung, Kampf. Allerdings nicht mit dem Ziel, den Partner niederzuringen oder ihn gar zu vernichten, sondern um einen vernünftigen Kompromiß zustandezubekommen, der die Bedürfnisse beider berücksichtigt. Bleibt die Aktivität aus, dann erlischt die Liebe. Vielleicht nicht im selben Augenblick, weil die vorausgegangenen Aktivitäten noch eine Weile nachwirken – doch allzusehr sollte man sich darauf nicht verlassen.

Wer sich diese Betrachtungsweise zu eigen macht (und es gibt bislang keine schlüssigere), der schreibt sich damit gleichzeitig sein Programm. Unter der Prämisse „Liebe ist Aktivität“ ergibt sich fast von selbst, was zu tun ist. Und da haben wir sie, die Beziehungsarbeit, die nun gar nicht mehr so spröde, gar nicht mehr so schwerfällig daherkommt, sondern eigentlich ganz einfach. Fachleute empfehlen, dieser Arbeit eine Struktur zu geben und sie, den individuellen Bedürfnissen entsprechend, auch immer wieder zu variieren und anzureichern. Das ist schon deswegen wichtig, weil unser Leben häufig so kompliziert ist, daß trotz besten Willens die Liebe auf der Strecke bleibt, wenn man ihr nicht ganz gezielt eine Chance gibt. Ein Beispiel: Sie und er sind beide beruflich außerordentlich in Anspruch genommen. Er ist Assistenzarzt in einem Krankenhaus, sie Nachrichtenredakteurin beim Rundfunk, beide mit unregelmäßigem Schichtdienst. Erklärtes Ziel des Paares ist es dennoch, mindestens dreimal in der Woche einige Stunden ganz für sich allein zu haben. Das dem Zufall zu überlassen, hat sich nicht bewährt. Gelegentlich hat es geklappt, aber meistens nicht. Das heißt, sie mußten ihrer Liebe eine Struktur geben, sprich: in ihre Terminkalender gucken und Verabredungen treffen.

Genau dies ist nicht jedermanns Sache. Gerade Menschen, die von Berufs wegen in Zeitzwänge gepreßt sind – und wer ist das nicht –, möchten zumindest in ihrer Freizeit die Dinge gern etwas lockerer handhaben, auch mal etwas auf sich zukommen lassen. Doch die bittere Erfahrung vieler Paare beweist: Auf diese Weise vergeht Woche um Woche, ohne daß Zweisamkeit stattgefunden hätte, so wie sie es sich vorgenommen haben. Dies aber würde die Beziehung auf Dauer von innen aushöhlen. So wird man denn – um der Liebe willen – nicht umhinkönnen, einen gewissen Kompromiß zu schließen zwischen dem legitimen Bedürfnis nach möglichst unverplanter Freizeit und dem Wunsch, zu zweit zusammenzusein.

Paare, die sich auf diesen komplizierten Balanceakt verstehen – wie mittlerweile auch das oben erwähnte Paar –, sind fein heraus: Sie können sich ganz offen und ohne defizitäre Gefühle (was ihren persönlichen Freiraum betrifft) dem anderen zuwenden. Sie können mit ungeteilter Aufmerksamkeit hinsehen, hinhören und ihre Begegnung zu dem machen, was sie sein sollte: Informationsaustausch, Austausch von Gefühlen, Austausch darüber, wie sie ihre Beziehung empfinden – so daß am Ende beide wieder auf dem laufenden sind. Darüber, wie es ihnen beruflich geht, wie es mit ihrem physischen und psychischen Befinden bestellt ist, wo sie der Schuh drückt, wie sie ihre Beziehung erleben, ob der gemeinsame Haushalt zu ihrer beider Zufriedenheit abgewickelt wird, wann sie sich über den Partner geärgert oder gefreut haben, welche Bedürfnisse erfüllt und welche noch offen sind. Auf diese Weise entsteht ein dichtes Flechtwerk, das ihre Beziehung abstützt und trägt, auch wenn jeder wieder seiner Wege gehen muß.

Das Seltsame ist, daß keineswegs nur dort, wo Paare objektiv sehr wenig freie Zeit haben, die Gefahr besteht, daß keine Möglichkeit gefunden wird, diese Beziehungsarbeit zu leisten. Allzu häufig, berichten Partnerschafts- und Eheberater, findet sie auch dann nicht statt, wenn Paare ausreichend gemeinsame Freizeit haben, der Zeitfaktor also nur eine untergeordnete Rolle spielt.

Per Zufall funktioniert Liebe nur in den seltensten Fällen. Es scheint vielmehr tatsächlich so, daß es eines besonderen Impulses, des bewußten Entschlusses bedarf, sich einander zuzuwenden. Selbst vielfältigste gemeinsame Freizeitaktivitäten verhindern nicht automatisch, daß Partner einander innerlich fremd werden und schießlich ihre gemeinsame Basis verlieren.

Um diesen Kick geht es also: Sich immer wieder ganz bewußt des jeweils anderen zu versichern. Das kann (und sollte) beim eigens deswegen anberaumten Rendezvous geschehen – aber auch auf dem Gartenfest, wenn er mit diesen, sie mit jenen Gästen ins Gespräch kommt, Tischtennis spielt, das neue Gewächshaus inspiziert – und sich von Zeit zu Zeit ihrer beider Blicke suchen und bestätigen: „Hallo, ich liebe dich!“

2. FALLE

Wir kennen uns so gut, daß wir über alles reden können

Die Liebenden, die beschlossen haben, zusammenzubleiben (vielleicht nach einer komplizierten Umerziehungsphase, in der die Fetzen flogen), wollen nun ernten. Die Dinge sollen von jetzt an mehr oder weniger von alleine laufen. Daß sie das tun werden, davon ist man – nach allem, was vorausging – überzeugt. Ein Punkt scheint sogar ganz besonders sicher: daß man jederzeit miteinander reden und sich verständigen kann. Einfach so. Ganz selbstverständlich. Schließlich liebt man sich, kennt man sich – da sollte es doch mit dem Teufel zugehen, wenn man zu gegebener Zeit nicht auch die richtigen Worte fände. So jedenfalls beurteilt die große Mehrheit der jungen Frauen und Männer hierzulande die partnerschaftliche Kommunikation. Das Vertrackte daran: Es geht mit dem Teufel zu. Tatsächlich sind – nach Auskunft der Partnerschaftstherapeuten und Scheidungsanwälte – bei Scheidungen und Trennungen immer auch Kommunikationsprobleme mit im Spiel.
Was aber heißt das? Es beginnt damit, daß Frauen und Männer grundsätzlich unterschiedliche Kommunikationsbedürfnisse haben – was im Zusammenhang mit einer Beziehung ganz besonders ins Gewicht fällt. Konkret: Sie möchte *h ö r e n*, daß er sie

liebt, am liebsten morgens, mittags, abends. Er vertritt die Ansicht, solange er tätige Liebe übe – sich also morgens mit einem Kuß von ihr verabschiedet, mittags in ihrem Büro Bescheid gibt, daß er heute später kommt, und sich abends das von ihr warmgehaltene Essen sichtlich schmecken läßt –, so lange seien Liebesworte überflüssig. Sie wisse doch, daß er sie liebe!
Auf ihre Frage: „Wie fühlst du dich?“ (Sie meint: „Wie fühlst du dich in unserer Beziehung?“) reagiert er eher verstört. Aus Ratlosigkeit antwortet er hastig: „Jaja, gut, alles in Ordnung!“ Und hofft, daß sie nicht weiter nachbohrt. Doch meist trifft ein, was er befürchtet: Sie will es genauer wissen. Er kann es ihr aber nicht genauer sagen. Er weiß nicht, wie er sich fühlt. Er ist nicht daran gewöhnt, seiner psychischen Befindlichkeit nachzuspüren. Also blockt er ab; indem er einen Witz macht, das Fernsehgerät einschaltet oder das Zimmer verläßt.
Dr. Yehuda Zwick, Psychotherapeut, Initiator und langjähriger Leiter von Männergesprächsgruppen, nennt das „Angst vor der Frau, deren Art zu kommunizieren dem Mann fremd ist – und der er nichts entgegenzusetzen hat“. Der Psychotherapeut macht die je nach Geschlecht unterschiedlichen Entwicklungen und Lernprozesse dafür verantwortlich. „Mädchen kommen aus der Schule und schwatzen stundenlang am Telefon mit just der Freundin, neben der sie gerade sechs Stunden lang saßen. Sie reden über ihre Gefühle, ihre Ängste, ihre Freuden. Natürlich haben auch Jungen Freunde. Mit denen spielen sie Fußball, vor denen prahlen sie mit ihren Erfolgen bei Mädchen, aber alles nur ganz an der Oberfläche. Auch das Verhältnis zum eigenen Körper spielt eine Rolle. Die Frau empfindet schon in jungen Jahren das Zusammenspiel zwischen Körper und Seele. Das wird mit zunehmender Entwicklung immer bewußter. Während bei Männern, bedingt durch ihre Erziehung, der Körper eher als Instrument angesehen wird, als Apparat, den man auf Leistung drillt.“
Aus Männergesprächsgruppen, aber auch von Scheidungsanwälten wissen wir, daß Frauen in dem Wunsch, eine Beziehung

zu „hinterfragen”, häufig des Guten zuviel tun, sprich: nicht ins Kalkül ziehen, daß bis heute die meisten Männer überfordert sind, wenn es (der Frau) darum geht, ihrer beider Gefühle und Empfindungen in allen Nuancen auszuleuchten. Männer wissen häufig tatsächlich nicht, was da von ihnen erwartet wird. Und schalten deshalb lieber auf Durchzug, schweigen sich aus, ehe sie sich auf derart unbekanntes, gefährliches Terrain begeben. Frauen schütteln darüber die Köpfe und, je nach Temperament, geraten sie in Wut oder Traurigkeit.

Was die Sache nicht vereinfacht, ist die Tatsache, daß Frauen zwar begieriger sind als Männer, Gefühle verbal auszuloten, und sich dabei auch tatsächlich als die Beredteren erweisen. Das bedeutet aber noch keineswegs, daß sie anstehende Probleme auch immer offen und mutig ansprechen. Das bekannteste Beispiel ist die Konfliktscheu so vieler Frauen in Zusammenhang mit der Sexualität. Da wird stundenlang angedeutet und herumgeredet, wo man klipp und klar sagen müßte: „Das will ich – und das will ich nicht.“

Statistisch schlagen sich die unterschiedlichen Kommunikationsbedürfnisse von Mann und Frau folgendermaßen nieder: Paare reden – nach vier Jahren Zusammensein – durchschnittlich nur ganze viereinhalb Minuten pro Tag über sich und über ihrer beider Befindlichkeit in der Beziehung. Der Rest der täglichen Gespräche dreht sich vor allem um Äußerlichkeiten wie die Organisation der „Infrastruktur der Beziehung“, also Einkaufen, Kochen, Waschen, Putzen; an zweiter Stelle um den Beruf; an dritter um Freizeitaktivitäten. Wen wundert's, daß Frauen da oft das Gefühl haben, die Partnerschaft werde nicht ausreichend thematisiert, daß ihr Bedürfnis nach persönlichem Austausch mit dem Partner unbefriedigt bleibt. Weniger ausgeprägt ist dieses Gefühl dort, wo die Alltagskommunikation mit mehr gegenseitiger Aufmerksamkeit verbunden ist als üblich. Wenn der, der „Guten Morgen“ ruft, „Mach's gut!“, „Einen schönen Tag!“ oder „Viel Glück“, darauf vertrauen kann, daß er ein Echo bekommt; wenn der andere auch dann hinhört und Feedback gibt, wenn man nur das Wetter, den Verschluß des Marmeladenglases, die gestiegenen Preise der öffentlichen Verkehrsmittel oder den Geschmack des Kaffees kommentiert – dann erzeugt das ein Gefühl von Angenommen- und Ernstgenommen werden und reduziert unter Umständen das Bedürfnis nach psychischer Auseinandersetzung ganz erheblich. Manch einer mag behaupten, das seien doch Floskeln, Belanglosigkeiten; mit einem Wort: purer Nonsens, auf den man wirklich nicht zu reagieren brauche. Oh nein, sagen die Psychologen. Die Qualität der partnerschaftlichen Kommunikation zeige sich durchaus auch darin, daß solch alltägliche, scheinbar bedeutungslose Bemerkungen nicht ins Leere stürzen, sondern vom Partner aufgegriffen und zurückgegeben werden. Auch auf diese Weise könne man sich – spielerisch und nebenbei – immer wieder des Partners versichern, so daß schließlich ein dichtes Kommunikationsnetz entsteht, das beiden Sicherheit und Schutz gibt – letztlich auch vor fruchtlosen Beziehungsdiskussionen. Für belangvollere Gespräche, die auch in der Akzeptanzphase nur zu leicht in typische Umerziehungssackgassen geraten, gibt es sechs goldene Regeln. Sie muten auf den ersten Blick sehr simpel an, haben es aber in sich.

Die erste Regel: Dem anderen zuhören! Das klingt vollkommen selbstverständlich, ja banal – und ist es eigentlich auch. Das Eigenartige daran: So gut wie kein Mensch kann es auf Anhieb. Das hängt einerseits mit unserem Fixiertsein auf die eigene Denk- und Handlungsstruktur zusammen und mit der Schwierigkeit, von uns selber abzusehen. Andererseits verrät dieses Unvermögen eine höchst undifferenzierte Wahrnehmung des Partners – und auch eine gehörige Portion Lieblosigkeit. Wir glauben zu wissen, was der Partner (aus-)sagen möchte, weshalb wir uns das Zuhören ersparen. Und unsere Antwort haben wir sowieso schon parat – eine Vorgehensweise, die in Entfremdung und heillose Kräche führt. Erst die nuanciertere, gelassenere Haltung, die typisch ist für die Akzeptanzphase, ermöglicht uns, dem anderen wirklich zuzuhören, ohne gleichsam mit den Füßen scharrend darauf zu warten, endlich die eigene Sicht der Dinge darlegen zu können.

Die zweite Regel: Auf die Aussagen des anderen eingehen! Das kann natürlich nur funktionieren, wenn man auch tatsächlich zugehört hat. Und es bedeutet: zunächst *nicht* von sich selber zu erzählen, zunächst *nicht* das Gehörte mit der eigenen Meinung oder Situation zu vergleichen, sondern es in sich nachwirken zu lassen, es zu bedenken und erst dann zu besprechen. Zur Verdeutlichung ein ganz einfaches Beispiel. Der eine sagt: „Mir ist kalt." Der andere sagt: „Mir nicht." Zumindest der Antwortende signalisiert damit, daß er die Sackgasse der Ichbezogenheit noch nicht verlassen hat. Ein typisches Beispiel für Kommunikation, die keine ist. Jeder bleibt für sich allein. Das kleine Gespräch könnte auch ganz anders ablaufen. Auf die Aussage des einen: „Mir ist kalt" erwidert der andere: „Ach wirklich? Soll ich dir eine Jacke holen?" Hier wurde zugehört, das Gesagte aufgenommen – und sogar ein Hilfsangebot gemacht. Das ist geglückte Kommunikation.

Die dritte Regel: Bei Vorhaltungen und Kritik die Bedürfnislage klarmachen, das heißt: in der Ichform sprechen. Zum Beispiel: Einer will seinen Unmut darüber loswerden, daß der andere immer wieder zu spät kommt. Während er nämlich alle möglichen Unannehmlichkeiten in Kauf nimmt und sich abhetzt, um nur ja pünktlich zu sein, läßt der Partner mit schöner Regelmäßigkeit auf sich warten. Der Groll des Wartenden ist groß, seine Verstimmung vollkommen legitim, ein Krach unvermeidlich. Doch der ließe sich in Grenzen halten (und würde vielleicht sogar ein Insichgehen des Zuspätkommenden bewirken), wenn der Zornige jetzt *nicht* sagte: „Du bist unmöglich, du bist rücksichtslos, kein Wunder, daß du überall aneckst ...", sondern statt dessen sich selber ins Spiel brächte: „*Ich* fühle mich schlecht behandelt, bin traurig, wütend, ratlos, weil ich einfach nicht begreife, wo eigentlich die Schwierigkeiten liegen." Auf diese Weise hätte der

Sünder eine Chance. Er müßte nicht seine gesamte Energie in die Abwehr des Angriffs stecken, könnte vielmehr, zusammen mit dem Partner, versuchen, der Ursache seiner Unzuverlässigkeit auf den Grund zu gehen. (Das ist allerdings schon hohe Streitkunst, und die klappt nicht ohne Training!)

Die vierte Regel: Für den Fall, daß man trotz guten Willens aneinander vorbeiredet, sollte man zusätzliche Wahrnehmungskanäle nutzen. Also nicht nur reden und zuhören, sondern sich auch ganz bewußt dabei ansehen, dem anderen die Hand auf den Arm legen, sich an ihn anlehnen. Solche Gesten sind nur scheinbar Äußerlichkeiten und können durchaus innere Nähe, mehr Aufmerksamkeit füreinander, mehr Konzentration aufeinander bewirken.

Die fünfte Regel zielt ebenfalls darauf ab, eine unbefriedigende Gesprächssituation zu entkrampfen: vom Tisch aufstehen, sich einen anderen Standort suchen oder im Zimmer auf und ab gehen. (Auf Spaziergängen und Wanderungen läßt sich übrigens meist besonders gut diskutieren. Die gleichmäßige Bewegung, das wechselnde Ambiente fördern den Gesprächsfluß und stellen genau die richtige Mischung aus Entspannung einerseits und Aufmerksamkeit andererseits her, die für ein fruchtbares Gespräch vonnöten ist.)

Die sechste Regel verlangt Phantasie, Spontaneität und Liebe. Hier geht es um den Überraschungseffekt, um das gänzlich Unerwartete, das einer festgefahrenen Diskussion, einem Streit, der sich zugespitzt hat, wieder Lockerheit gibt. Ein Beispiel: Zur Debatte steht das alte Thema, die Aufteilung der Hausarbeit. *Sie* ist der Meinung, er überlasse ihr, gegen die ausdrückliche Verabredung, den Hauptteil. *Er* ist überzeugt, daß sie durch ihre unsystematische Herangehensweise viel mehr Zeit als nötig ins Aufräumen und Putzen investiert. Es geht hoch her. Jeder beharrt auf seinem Standpunkt – bis er plötzlich sagt: „Jetzt haben deine Augen so herrlich blau geleuchtet wie noch nie ..." Sie hält verblüfft in ihrem Wortschwall inne, ist aus dem Konzept und fängt, wenn sie Humor hat, an zu lachen. Und das wiederum ist die beste Voraussetzung dafür, das Gespräch noch einmal neu anzugehen. Aber kompromißbereiter jetzt, weniger verbiestert und rechthaberisch – und dadurch mit weit größeren Chancen, zu einem brauchbaren Kompromiß zu kommen.

Im übrigen neigen Ehe- und Partnerschaftsberater heute in Sachen Kommunikation zu einem gewissen Pragmatismus. Sie raten zur Gelassenheit gegenüber einem Umstand, der wohl mittlerweile als wissenschaftlich abgesichert gelten kann (und der zu Beginn dieses Kapitels bereits angesprochen wurde): Einander restlos zu verstehen – das ist schlicht nicht möglich. Weil Frauen anders denken als Männer. Männer pflegen einen eher auf Distanz ausgelegten Kommunikationsstil, Frauen – besorgter um die Beziehung als Männer – möchten wissen, was ihr Partner fühlt, denkt, empfindet. Dieses Begehren aber flößt Männern Angst ein. Und selbst bei denen, die sich aufrichtig um Antworten bemühen, bleiben die Auskünfte bruchstückhaft.

Eine gewisse Fremdheit wird wohl von Partnern ertragen werden müssen. Sie zu überbrücken, kann – wenn überhaupt – nur der Liebe gelingen.

3. FALLE

Mit dem Sex läuft es von ganz allein

Er beschwert sich: „Seit du über deiner Diplomarbeit hockst, hast du überhaupt keine Lust mehr, mit mir zu schlafen." Sie beschwert sich: „Dein neuer Job nimmt dich derart in Anspruch, daß du bloß noch todmüde ins Bett fällst."

Die so Angesprochenen zucken die Achseln, fühlen sich einerseits schuldig, andererseits in ihrem beruflichen Einsatz nicht ernst genommen – und bitten, je nach Wesensart gereizt oder bedrückt, um Geduld. „Das wird alles ganz anders, wenn erst die Hürde genommen ist." Was sie jetzt noch nicht wissen: Nach dieser Hürde kommt die nächste. Tatsächlich ist das Leben eine äußerst kräftezehrende Angelegenheit. Und heutzutage mehr denn je. Laut Umfragen empfinden das über 80 Prozent der erwachsenen Menschen so (in den alten wie in den neuen Bundesländern). Von der häufig beschworenen sorglosen Freizeitgesellschaft kann (zumindest bis heute) keine Rede sein. Die meisten Menschen machen sich erhebliche Sorgen: über ihr berufliches Fortkommen, über ihre Gesundheit angesichts der sich immer weiter verschärfenden Umweltprobleme, über die Zukunft der Kinder in einer Welt, die keinerlei politische noch ökologische Sicherheit zu bieten scheint. All dies legt sich gleichsam wie ein Schatten auf die Befindlichkeit vieler Menschen – und reduziert, nach Auskunft der Sexualwissenschaftler, nicht selten auch ihre Lust auf Sex.

Vor diesem allgemeinen Hintergrund aber entfaltet sich nun die individuelle Geschichte eines Paares mit seinen ganz persönlichen Vorhaben, Bedrückungen, Siegen und Niederlagen. Beide erinnern sich natürlich noch ganz genau an die ersten Wochen und Monate ihrer Beziehung – als sie jede freie Minute im Bett verbrachten und gar nicht genug voneinander bekommen konnten. Erste leichte Verstimmungen, kleine Enttäuschungen darüber, daß der eine vielleicht nicht kühn, der andere nicht geduldig genug agierte, wurden noch immer von der Lust hinweggeschwemmt. Es war einfach wunderbar. Und so würde es bleiben. Für immer!

Bis es eines Tages passierte, daß die Hand des anderen, die sich zärtlich auf den Körper legte, diesmal keinen süßen Schauer auslöste, keine atemlose Vorfreude auf die Umarmung – sondern eher als Fremdkörper empfunden wurde, als etwas, mit dem man in diesem Augenblick gar nichts anfangen konnte und das man wieder loswerden wollte. Später dann die Diplomarbeit, wie gesagt, oder sein neuer Job – und das Vertrösten des ungeduldigen Partners auf nachher ... Was ist passiert? Ist das der Anfang vom Ende? Hat sich womöglich die Liebe wieder davongemacht? (Eine Frage, die letztlich natürlich nur das Paar selber beantworten kann.) Aber wahrscheinlich ist dies schlicht der Augenblick, da deutlich wird, daß es mit dem Sex keineswegs „einfach immer so weitergeht"; daß sich die Lust keineswegs immer wieder aus sich selbst erneuert wie zu Beginn der Liebe. Nach etwa drei Jahren Beziehung – so die Sextherapeuten – genügt es meist nicht mehr, den Dingen einfach ihren Lauf zu lassen. Sie empfehlen bewußt eingesetzte zusätzliche Stimulanzien: vom festlichen Essen zu zweit über Kerzen, schmeichelnde Musik, Salben, Düfte, ungewöhnliche Liebesplätze bis hin zur kleinen Lustreise ins Blaue, um sich – vollkommen herausgelöst aus dem Alltag – neu zu begegnen.

Bei all dem ist wichtig zu wissen, daß die Sexualität integraler Bestandteil der Beziehung ist – also nichts Eigenständiges, Herausgelöstes, vielmehr fest verwoben ins Beziehungsgeflecht. Das wiederum heißt, daß die Sexualität der gleichen Dynamik (also auch den gleichen Schwankungen) unterliegt wie die Liebe selbst. An dieser Stelle sollte an die Sichtweise des amerikanischen Psychotherapeuten Erich Fromm erinnert werden, die wir uns zu eigen gemacht haben: „Liebe ist Aktivität – und nicht passives Geschehenlassen." (Siehe die 1. Falle dieses Kapitels „Jetzt kann nichts mehr passieren – wir haben uns ja")
In seinem Buch „Haben oder Sein" (Stuttgart 1976) führt Fromm dazu aus: „Lieben impliziert, für jemanden zu sorgen, ihn zu kennen, auf ihn einzugehen, ihn zu bestätigen, sich an ihm zu erfreuen. Es bedeutet, ihn zum Leben zu erwecken, sein Lebensgefühl zu steigern." Im Hinblick auf die Sexualität heißt das: Beide müssen sich immer wieder von neuem für den Partner attraktiv machen – und müssen über ihre Sexualität ins Gespräch kommen und im Gespräch bleiben.
Sich immer wieder von neuem für den Partner attraktiv zu machen, bedeutet die Pflege des Äußeren und die Pflege des Inneren. Die Pflege des Äußeren ist selbstverständlich: frischgewaschenes Haar, guter Duft, geschmeidiger Körper, anmutige Haltung, maßvolles Essen. Die Pflege des Inneren ist vielschichtiger. Da geht es um das geistige Wachbleiben, das Lebendigsein, die Bereitschaft, ständig dazuzulernen, zu wissen, was in der Welt passiert, da geht es um Anteilnehmen und Mitmischen. Nichts erzeugt soviel Ausstrahlung wie geistige Beweglicheit, nichts ist auf die Dauer so anziehend wie das lebhafte, aufrichtige Interesse an den Menschen und Dingen um uns herum. Vielseitig Interessierten geht der Gesprächsstoff nie aus, sie kennen keine Langeweile – und sind selbst nicht langweilig. Im Gegenteil: mit ihnen zusammenzusein, bedeutet Gewinn. Auch im Bett.
Paare, die seit längerem glücklich zusammenleben, schwören auch auf eine gewisse Distanz im Alltag: das abgeschlossene Ba-

dezimmer oder die (zeitweilig) getrennten Schlafzimmer. Oft haben sie das Gebot aufgestellt, sich auch an einem faulen Wochenende zu zweit in den eigenen vier Wänden nicht gehenzulassen. Menschen, die sich aufs Lieben verstehen, plädieren gar für ein gewisses tägliches Zeremoniell, für die bewußte Gestaltung des abendlichen Zusammenseins. Da fällt man – von der Arbeit nach Hause zurückgekehrt – (in der Regel) nicht entschlußlos in den Sessel, tippt auf der TV-Fernbedienung herum, telefoniert mit diesem und jenem; sondern macht sich erst einmal in aller Ruhe schön. Für sich selbst. Für den anderen. Daß diese äußere Erfrischung mit einer inneren einhergeht, das haben wir alle schon an uns selbst erfahren. So gestärkt, wenden sich die Partner ganz bewußt einander zu, nehmen sich Zeit füreinander. Happy hour, ganz privat. Mit einer Tasse Tee oder einem Cocktail und dem sich allmählich einstellenden Bedürfnis, dem anderen vom Tag zu erzählen und dann gemeinsam zu beschließen, was an diesem Abend noch alles passieren soll/muß. Wer so verfährt, entgeht der Gefahr, daß man womöglich tagelang nur aneinander vorbeiläuft, ohne sich wirklich zu sehen, sich auszutauschen – um dann zu später Stunde völlig unvorbereitet und zusammenhanglos miteinander zu schlafen; oder auch nicht – weil ein strukturloser, vertrödelter Abend meist weit mehr ermüdet als ein bewußt erlebter. Dem Sex ist Langeweile ohnehin alles andere als zuträglich.
Denn die Sexualität ist, wie gesagt, nichts von dem übrigen Geschehen in der Partnerschaft Abgetrenntes, ist vielmehr jede Sekunde mit allem anderen eng verknüpft. So kann der Nachklang eines anregenden Gesprächs mit dem Partner die Lust im Bett durchaus erhöhen – genauso wie sein Desinteresse, seine Trägheit gegenüber Dingen, die dem anderen wichtig sind, den Spaß am Sex beeinträchtigen können.
In der Sexualtherapie wird manchmal mit pornographischen Darstellungen gearbeitet. Die Paare werden aufgefordert, in Gegenwart des Therapeuten dem Partner mitzuteilen, welche Bilder ihnen gefallen und welche nicht. Auf diese Weise soll herausge-

funden werden, was sie anregt und was sie abstößt. Letztlich mit dem Ziel, die Liebe im Bett abwechslungsreicher zu gestalten. Eine Möglichkeit der Stimulation, die man sich natürlich auch ohne Therapeuten zunutze machen kann.

Insgesamt ist die Sache mit dem Sex allerdings doch komplizierter, als das bislang hier vielleicht den Anschein hatte. Rezepte mit Erfolgsgarantie gibt es nicht. Spaß im Bett läßt sich weder erzwingen noch einklagen – ebensowenig wie die Liebe selbst. Die eigenartige allgemeine Neigung, dem Verweigerer gleichwohl die „Schuld" in die Schuhe zu schieben, läßt ihn, den Verweigerer, zuweilen geradezu groteske Verteidigungs- und Beschwichtigungsstrategien aufbauen.

Wenden wir uns, zum Beispiel, noch einmal der anfangs erwähnten Frau zu, die an ihrer Diplomarbeit schreibt. Die angehende Diplomphysikerin fühlt sich durch das außerordentliche Arbeitspensum derart unter Druck gesetzt, daß Sex für sie im Augenblick nicht in Frage kommt. Sie hat einfach keinen Nerv dafür. (Zuviel Arbeit ist tatsächlich alles andere als sexy!) Anstatt aber nun ganz pragmatisch zu ihrer Situation zu stehen und durch eine klare, eindeutige Haltung jedwedes Lamento oder gar Vorwürfe ihres Partners im Keim zu ersticken, fühlt sie sich ihrerseits „schuldig". Nimmt also seine Vorwürfe an – was sie grundsätzlich schwächt. Um „wiedergutzumachen", kocht sie ihm sein Lieblingsgericht – was weit mehr Zeit beansprucht, als mit ihm ins Bett zu gehen. Doch kann sie sich inmitten all ihrer Arbeit eher aufs Kochen einlassen denn aufs Schmusen. Natürlich schmeckt ihm das Essen nicht, denn er will Sex – und keinen Sauerbraten. Ihr schlauer Plan gerät zur Farce. Am Ende geht er erbost in die Kneipe – und sie unter Tränen ins Bett. Sie ist viel zu uneins mit sich und der Welt, um sich, wie sie es vorhatte, nach dem Abendessen wieder an den Schreibtisch zu setzen. Kostbare Zeit ist vergeudet. Eine Liebe in der Krise.

Eine lächerliche und gleichzeitig traurige Geschichte von der seltsamen Mischung aus Scheu, falschem Anspruch und Unaufrichtigkeit, mit der bis heute noch immer allzu häufig dem Sex begegnet wird. Gleichzeitig ist es die Geschichte zweier Menschen, die erst auf dem Weg sind, erwachsen zu werden. Auf Sex kann man nun einmal keinen Anspruch erheben. Das funktioniert einfach nicht. Durststrecken müssen – mit Respekt vor den Bedürfnissen des Partners – klaglos hingenommen werden. Andererseits: Wenn jemand seinem Partner auf Dauer den Sex vorenthielte, dann wäre die Liebe wahrscheinlich ernsthaft gefährdet. Aber darum geht es hier nicht.

Dies aber sollten wir immer im Hinterkopf haben: Sex – das sind nicht nur die Augenblicke oder Stunden im Bett. Sexualität ist viel mehr. Sie drückt sich aus in der Art sich anzusehen, sich zu berühren, sich am Frühstückstisch das Brot zu reichen; sie fließt ein in die Körperpflege, in das Bemühen, gesund und fit zu bleiben, sich (auch für den Partner) hübsch anzuziehen – und sie bemißt sich (auch) an dem Maß des gegenseitigen Vertrauens, des Engagements füreinander. Sexualität ist, genaugenommen, ein ganzes Programm.

Entscheidender Programmpunkt ist die Muße. Ohne Zeit zum Lieben bleibt die Liebe auf der Strecke. Ein- bis zweimal in der Woche nach den Spätnachrichten, die Anforderungen des morgigen Tages im Kopf, noch ein Viertelstündchen dem Lieben zu widmen – das mag zwar (gesamt-)deutscher Durchschnitt sein (zumindest liest man es so), ist aber denn doch ein bißchen knapp bemessen. Da machen es die fröhlichen Paare richtiger, die, während Sonntag früh das Gros der Leute mit Sack und Pack zum Picknicken und Sport treiben die Citys verläßt, einfach im Bett bleiben. Und sich lieben, bis es Abend wird.

4. FALLE

Wir sind immer ganz offen zueinander

Wir sind immer ganz offen zueinander. Das klingt so gut. So plausibel. So selbstverständlich. Und kann doch unversehens zu einer bösen Falle geraten. Zunächst spricht natürlich alles für die Offenheit. Bei wem sollte ich mich denn ausweinen, wo sollte ich denn ein offenes Ohr erwarten dürfen, wenn nicht bei meinem Partner! Und wenn mir ein anderer Mann/eine andere Frau gefällt, so hat mein Partner/meine Partnerin doch einen Anspruch darauf, davon zu erfahren. Genauso wie ich selber wissen möchte, wie es um unsere Beziehung bestellt ist. Vertrauen gegen Vertrauen – nur so hat die Partnerschaft eine Basis.

Es ist eigenartig – und jeder kann die Probe aufs Exempel machen: Wo immer unter jungen Paaren die Frage nach gegenseitiger Offenheit in einer Beziehung gestellt wird, reklamiert eine große Mehrheit leidenschaftlicher Offenheitsverfechter mit unerbittlicher Strenge die totale Transparenz. Die gegenseitige Durchschaubarkeit wird zur wichtigsten Voraussetzung für eine funktionierende Partnerschaft hochstilisiert. Jeder soll vom Partner „alles" wissen. Die wenigen Nachdenklichen, die vorsichtig zu bedenken geben, daß dieser Anspruch ja wohl kaum erfüllbar und vielleicht nicht einmal wünschenswert sei, haben in solch einer Gesprächsrunde kaum eine Chance. Der gläserne Partner – so es ihn denn gäbe – landete mit Sicherheit auf Platz eins der Wunschliste.

Im wirklichen Leben sieht es dann allerdings manchmal ein bißchen anders aus. „Schau mal", sagt sie, die eben noch überzeugend für absolute Aufrichtigkeit zwischen Mann und Frau plädiert hat, „schau mal, ich habe mir eine Bluse gekauft, hübsch, nicht wahr?" „Ja", sagt er, „und was hast du dafür bezahlt?" „45 Mark", sagt sie – ohne mit der Wimper zu zucken. In Wirklichkeit hat sie 90 Mark ausgegeben. „Das geht ja noch", befindet er und freut sich mit ihr.

Was ist passiert? Warum wurde in diesem im Grunde belanglosen Fall zur Lüge gegriffen? Mehrere Erklärungen sind denkbar: Sie kennt ihren Mann; sie weiß, daß ihn überzogen erscheinende Preise zu endlosen Auslassungen über die Verflechtung zwischen Produzent, Groß- und Kleinhandel herausfordern. Um dem zu entgehen, wählt sie – jenseits ihrer Forderung nach gegenseitiger Offenheit – den Weg des geringsten Widerstandes. Vielleicht erscheint ihr aber der Preis von 90 Mark selber zu hoch, und sie ärgert sich zudem, daß sie wieder einmal ihrer Schwäche erlegen ist, etwas zu kaufen, was sie im Grunde nicht braucht. Einer möglichen Kritik seinerseits, der sie nichts entgegenzusetzen hätte, kommt sie insofern zuvor, als sie einen falschen Preis nennt. Alles in allem kein sonderlich erwachsenes Verhalten – und trotzdem unter Frauen wie unter Männern weit verbreitet.

Ein anderes Beispiel: „Ist irgendwas?" fragt sie ihn. „Nein", sagt er, „es ist nichts". Sie gibt sich damit nicht zufrieden. Schließlich sieht sie ihm an, daß er bedrückt ist, was sie wiederum erheblich beunruhigt. „Du bist so still", insistiert sie, „irgend etwas beschäftigt dich doch". „Ja", sagt er schließlich, „aber ich möchte vorläufig nicht darüber sprechen." Er steht auf und geht aus dem Zimmer. Er hat tatsächlich großen Kummer: Seit vier Tagen weiß er – langjähriger stellvertretender Abteilungsleiter –, daß er nicht der

Nachfolger seines aus Altersgründen ausscheidenden Chefs wird, daß die Geschäftsleitung vielmehr beabsichtigt, ihm einen Mann von außerhalb vor die Nase zu setzen. Eine Zurücksetzung, die ihm außerordentlich zu schaffen macht. Er erwägt sogar zu kündigen, doch hat ihm ein Kollege (und Freund) dringend davon abgeraten. Er ist aufgewühlt, der Vorfall beschäftigt ihn Tag und Nacht. Aber warum redet er nicht mit seiner Partnerin? Hat sie nicht ein Recht darauf zu erfahren, was passiert ist? Seine Meinung dazu: Ja, sie hat ein Recht darauf. Aber er kann jetzt (noch) nicht mit ihr darüber reden, kann den Fall ihr gegenüber noch nicht in Worte kleiden. Er müßte sehr weit ausholen, damit sie überhaupt die Tragweite des Ereignisses begreifen könnte. Dazu sieht er sich vorerst nicht in der Lage. Außerdem: Helfen könnte sie ihm ohnehin nicht. Auch fühlt er sich ihrer Bestürzung und (möglichen) Enttäuschung noch nicht gewachsen. Also vertröstet er sie auf später. Hier wird aus nachvollziehbaren Gründen die Offenheit (vorerst) vorenthalten.

Ein drittes Beispiel: Während eines Wochenendseminars in einem Schulungszentrum außerhalb der Stadt hat sie sich in einen Kollegen verliebt. Und der sich in sie. Sie saßen sich zufällig beim ersten Mittagessen gegenüber. Er reichte ihr die Gemüseschüssel. Dabei begegneten sich ihre Blicke – und blieben aneinander hängen. Drei Tage lang warfen sie sich in den Diskussionen die Bälle zu – mit wachsendem Entzücken –, und am letzten Abend klopfte er an ihre Tür. Sie ließ ihn herein. Ganz selbstverständlich. Der Abschied am Morgen war schmerzlich – um so mehr, als beiden bewußt war, daß es ein Abschied für immer sein würde.

Eigentlich hatte sie gleich nach ihrer Rückkehr ihrem Mann von dieser Begegnung erzählen wollen. Aber der stand mit einer Rose am Bahnhof, hatte ein Abendessen vorbereitet und war sichtlich glücklich über ihre Rückkehr, so daß sie es nicht übers Herz brachte, seine Freude zu zerstören. Auch am nächsten Tag ergab sich keine Gelegenheit, ihm von ihrer Affäre zu berichten – sie suchte allerdings auch keine –, und je mehr Zeit verstrich, desto unsinniger und unangemessener erschien es ihr, den Vorfall überhaupt zu erwähnen. Wozu, dachte sie, die Beziehung einer abgeschlossenen Sache wegen in eine Krise stürzen? Wem sollte das nützen? Ihr? Ihm? Es nützt niemandem, entschied sie. Und doch blieb ein kleiner Stachel zurück: Sie war sich der Diskrepanz zwischen der häufig auch von ihr mit Vehemenz beschworenen gegenseitigen Offenheit einerseits und ihrem Verhalten andererseits wohl bewußt. Es irritierte sie, daß es ihr nicht gelungen war, Theorie und Praxis miteinander in Einklang zu bringen. Aber inzwischen erschien es ihr fast grotesk, dieses in ihrer Erinnerung bereits verblassende Ereignis nun noch zu offenbaren. Also schwieg sie. Und machte den Fall mit sich selber ab. (Eine Wertung dieses Verhaltens ist schwierig. Jeder wird Argumente dafür und dagegen finden.)

Drei Vorfälle, die den Verdacht nahelegen, daß man häufig wohl vor allem den jeweils anderen meint, wenn von Offenheit die Rede ist. Vom anderen fordert man Ehrlichkeit – während man sich selbst ganz gern ein Hintertürchen offenhält. Doch machen die drei hier beschriebenen Fälle primär eines deutlich: daß der Begriff Offenheit nicht pauschal abgehandelt werden kann, daß er vielmehr sorgfältiger Differenzierung bedarf. Diese Offenheit zu praktizieren – mal mehr, mal weniger –, erweist sich manchmal sogar als eine regelrechte Gratwanderung.

In dem folgenden Punkt aber sind sich die Partnerschafts- und Ehetherapeuten einig: Das gegenseitige Versprechen „Ich erzähle dir alles!“ mag sich zwar großartig anhören, führt aber – nimmt man es wörtlich – geradewegs in den Untergang. Denn: Kein Mensch kann von seinem Partner dessen permanente Aufmerksamkeit, Zuwendung, waches Interesse erwarten. Das ist schlichte Überforderung. Und heißt nicht mehr und nicht weniger, als daß er und sie selbst in der innigsten Beziehung nicht aufhören dürfen, sich als Einzelwesen zu begreifen, die die volle Verantwortung für sich selber tragen – und sie eben nicht (unter dem Vorzeichen der „vollkommenen Offenheit“) dem anderen aufzubürden versuchen. Seltsamerweise wird nämlich in Paarbeziehungen häufig das aufgegeben, was etwa unter Freunden selbstverständlich ist – daß man, zum Beispiel, fragt: „Darf ich dir von meinen Kümmernissen im Betrieb erzählen?" Womit man dem anderen zumindest die Chance einräumt zu entscheiden: „Ja" oder „Nein, bitte heute nicht, ich bin selber fix und fertig." Bei Paaren hingegen kommt er (oder sie) nach Hause – und ehe der andere es sich versieht, wird er auch schon überschüttet: mit noch völlig ungefilterter Wut, mit der Enttäuschung, Angst, Frustration oder Ratlosigkeit des Heimkehrenden. Und der andere soll nun nachfragen, sondieren, Wichtiges von Unwichtigem scheiden, Rat erteilen, trösten vor allem – und hatte sich doch, selber beruflich sehr in Anspruch genommen, auf einen unbeschwerten Abendspaziergang gefreut.

Damit hier kein Mißverständnis entsteht: Selbstverständlich hat sich das Paar, indem es beschloß, miteinander zu leben, auch zu gegenseitigem Zuhören, zu gegenseitiger Hilfe verpflichtet. Das heißt aber nicht: Offenheit um jeden Preis. Und das heißt gleichfalls nicht, daß jeder den anderen zu jeder Zeit überfallen und ungefragt als seelischen Mülleimer benutzen darf. Einem Kind wird man das selbstverständlich zubilligen müssen. Nicht aber einem Erwachsenen. Da müßte denn doch schon vorsortiert, vorüberlegt, müßten Lösungen zumindest angedacht sein, ehe man den Partner mit der Bitte um Aufmerksamkeit und Hilfe konfrontiert. Auch müßte sichergestellt sein, daß der andere die Zusammenhänge auch wirklich kennt – um ihn nicht seinerseits in völlige Ratlosigkeit und Angst zu stürzen.

Die unangemessenste, brutalste Form der „Offenheit" ist die – vor allem von Männern praktizierte – „Beichte" einer Zweitliebe, inklusive des aufrichtigen Eingeständnisses, daß man sich leider zwischen erster und zweiter Frau nicht entscheiden könne. In einem solchen Fall wird der Partnerin gewissermaßen die Verantwortung für den Vorfall zugeschoben: „Nun schau, was du draus machst", während man selber weitgehend entlastet ist. Schließlich ist man ehrlich, hintergeht die Partnerin nicht länger – was will sie eigentlich noch mehr! Nicht selten wird sie gar aufgefordert, ihm bei der Entscheidungsfindung zu assistieren, zumindest ihm bei dem schwierigen, schmerzlichen Prozeß beizustehen. Die Perfidie (und Unreife) eines solchen Verhaltens ist kaum zu überbieten. Weil hier – im Namen der Offenheit – die Verantwortung an die Partnerin delegiert wird; weil dem Opfer zugemutet wird, dem Täter zu Hilfe zu eilen – ihm zumindest seinen Verrat nachzusehen. Nach dem Motto: Ehrlichkeit sollte schließlich belohnt werden.

Der gegenseitige rigide Anspruch: „Wir zwei erzählen uns alles" entsteht übrigens nicht selten aus Angst. Aus Angst, der andere könnte uns morgen vielleicht schon weniger lieben, uns gar verlassen. Also möchte man alles wissen – und läßt sich den Tagesablauf minutiös beschreiben, läßt sich die Menschen, mit denen der andere zu tun hat, genauestens schildern – und pocht auf eine ausführliche Erklärung, warum er eine halbe Stunde später kam als verabredet. Auf diese Weise mag vielleicht ein Schutzraum entstehen, in dem beide sich eine Zeitlang sicher fühlen können. Doch nur allzu leicht gerät dieser Raum zum Gefängnis. Denn: Wenn zwei sich ausschließlich aufeinander beziehen (zwei gegen den Rest der Welt!), so ist das meist mit dem Verlust von Außenkontakten verbunden.

Aus der Praxis von Psychotherapeuten wissen wir, daß speziell Frauen zur Fixierung auf diesen Schutzraum neigen. Doch der Preis für die (vermeintliche) Sicherheit ist hoch: Je konsequenter sie ihre Beziehung zu einem Hort der Geborgenheit inmitten einer feindlichen Umwelt machen, um so mehr beziehen sie sich auf diesen Hort, schöpfen daraus ihre Kraft – und es wird zunehmend schwieriger für sie, sich außerhalb dieser Schutzzone und als Einzelwesen zu behaupten. Betroffene Frauen berichten von ihrer Angst, allein ein Restaurant zu betreten, vor einer größeren Gruppe Menschen das Wort zu ergreifen, den Job zu wechseln, weil das notgedrungen Konfrontation mit unbekannten Menschen bedeute. Diese schwindende Beweglichkeit und zunehmende Unsicherheit aber lassen sie die Kontrolle über den Partner verschärfen – aus Angst, der mittlerweile existentiell notwendige Schutzraum könnte womöglich auseinanderbrechen. Gleichzeitig wird der Anspruch: „Schenke mir deine ungeteilte Aufmerksamkeit, kümmere dich um mich, wie ich mich um dich kümmere" immer rigider erhoben. Auf die verschärfte Kontrolle, die Forderung nach steter Beachtung aber reagiert der Partner schließlich mit Gegenwehr, nicht selten mit Flucht.

Fazit: Gegenseitige Offenheit ist sicherlich eine der wichtigsten Voraussetzungen für eine Partnerschaft. Und zwar Offenheit im Sinne von Erfahrungs- und Gedankenaustausch, von gegenseitiger Loyalität. Der Partner sollte sich sicher sein dürfen, daß der andere nicht hinter seinem Rücken schlecht über ihn redet; auch, daß er Kritik Dritter dem Partner gegenüber zumindest relativiert. Nur so kann letztlich wechselseitiges Vertrauen entstehen.

Gegenseitige Offenheit bedeutet aber nicht, dem anderen – sobald man selber nicht mehr weiterweiß – die eigenen Sorgen aufzubürden. Gegenseitige Offenheit soll *ent* lasten – nicht *be* lasten. Und: Ehe der eine seinen Kummer auf den anderen abwälzt, muß zumindest um Erlaubnis gebeten werden. Ein Anspruch auf ein Tag und Nacht offenes Ohr existiert nicht. Ebensowenig, wie ein Recht auf die Preisgabe sämtlicher Gedanken, Vorstellungen, Ängste und Freuden besteht. Jeder muß die Möglichkeit haben, Dinge *nicht* mitzuteilen – ohne daß ihm das als ein gegen den Partner gerichtetes Verheimlichen ausgelegt würde. Zumal ja aus vielerlei Gründen geschwiegen werden kann: Um den Partner, der vielleicht in diesem Fall ohnehin nicht helfen kann, nicht unnötig zu belasten; um der Partnerin, die selbst in einer Krise steckt, nichts Zusätzliches aufzubürden; oder um erstmal mit sich selber ins reine zu kommen, ehe man sich dem anderen mitteilt.

Übrigens hat das auch mit Respekt vor dem Partner zu tun. Der ist schließlich keine Abfalltonne – sondern der uns liebste und nächste Mensch, dem wir Behutsamkeit und Rücksicht schulden.

5. FALLE

Ein Kind macht unsere Liebe erst komplett

Ein Kind macht unsere Liebe erst komplett. Dieser Satz galt bis zur Mitte unseres Jahrhunderts unangefochten und ist bis heute Postulat vieler junger Paare. „Ein Kind wird unsere Ehe festigen, unser Glück vervollkommnen, erst mit einem Kind sind wir am Ziel unserer Wünsche" – das alles kann zutreffen, muß aber keineswegs. Zumindest läuft es nicht automatisch so. Ein Kind = reines Glück – diese Hoffnung erfüllt sich durchaus nicht immer. Denn durch ein Kind wird das Gleichgewicht eines Paares – jeden Paares! – erst einmal auf das empfindlichste gestört. Eine neue Balance zu finden, gelingt nicht immer sofort, nicht immer gleich gut und – manchmal überhaupt nicht. Damit wir uns nicht mißverstehen: Hier soll nicht etwa der Kinderlosigkeit das Wort geredet werden. Ganz im Gegenteil. Hier geht es vielmehr darum zu verhindern, daß das Kind zur Falle wird. Zur Falle für die Liebesbeziehung. Zur Falle auch für den einzelnen Partner.

Aus der Praxis der Ehe- und Partnerschaftstherapeuten wissen wir, daß sich auffallend häufig dann der Wunsch nach einem Kind regt, wenn es in der Beziehung nachhaltig kriselt und Furcht aufsteigt, es könnte womöglich zu einer Trennung kommen. Auch wenn einer der Partner oder beide sich nicht ausgelastet fühlen – einer frustrierenden, erfolglosen beruflichen Tätigkeit wegen oder weil sie mit ihrer Freizeit nichts anzufangen wissen –, stellt sich gern der Wunsch nach einem Kind ein; und auch dann, wenn das Paar oder jeder für sich keinen Sinn mehr im Leben zu erblicken vermag, wenn Gefühle der Leere und der Vergeblichkeit sich ausbreiten.

Das Kind als Ehekitt also; als Ersatz für einen anregenden, befriedigenden Beruf, für ein fesselndes Hobby. Das Kind als Sinngeber für das eigene Leben. All dies sind häufig keine bewußten Prozesse. In den meisten Fällen kristallisiert sich erst im nachhinein – beim Nachsinnen oder beim Aufarbeiten des Problems mit Hilfe eines Eheberaters etwa – der Zusammenhang zwischen einem bestimmten Defizit im eigenen Leben und dem Wunsch nach einem Kind (das dieses Defizit ausgleichen möge!) heraus. Defizite aber – gleich welcher Art – sind keine besonders guten Gründe, sich ein Kind zu wünschen. Erstens, weil es sowieso nicht funktioniert: Das Kind wird/kann den elterlichen Auftrag, der ihm unbewußt oder bewußt erteilt wurde, nicht erfüllen; die Frustration der Eltern verstärkt sich also noch. Zweitens stellt ein Kind (in unseren Breiten) eine einzigartige Herausforderung an das Paar dar. Dieses ist ihr letztlich nur gewachsen, wenn die Liebe stark und belastbar ist und die Weltsicht der beiden wenn schon nicht von purem Optimismus, so doch vom Prinzip Hoffnung getragen wird. Im Idealfall fühlt sich jeder der Partner auch alleine „komplett", fühlen sich beide als Paar „komplett" – und entwickeln aus diesem Glück und diesem Hochgefühl heraus die Kraft, sich dem Abenteuer Kind zu stellen. Denn ein Abenteuer ist es allemal. Bleibt doch, wenn man es genau betrachtet, mit der Geburt des ersten Kindes kein Stein auf dem anderen. (Nahezu) alles ist neu: Der Mann an ihrer Seite ist nun nicht länger nur ihr Gefährte, ihr Mann, ihr Geliebter – sondern auch der Vater ihres Kindes. Die Frau an seiner Seite ist nun nicht länger nur seine Gefährtin, seine Frau, seine Geliebte – sondern auch die Mutter seines Kindes. Und beide zusammen sind sie Eltern – haben von einem Augenblick auf den anderen einen zusätzlichen Status erhalten; einen Status, den sie in Gedanken bislang – auf positive und/oder negative Weise – ausschließlich mit den eigenen Eltern in Verbindung gebracht hatten. Und von denen hatten sie sich absichtlich abgegrenzt, deren Lebenskonzept ein eigenes entgegengesetzt – und nun finden sie sich über Nacht im selben Boot sitzend wieder.

Auch die Mitmenschen sehen das Elternpaar mit anderen Augen. Galt deren Beziehung bislang eher als Privatsache, die keinen etwas anging, so erlangt die Verbindung nun gewissermaßen öffentlichen Charakter: Es sind Spuren da, über die niemand hinwegsehen kann. Die neuen Eltern entdecken unversehens, daß auch sie nun in die (Familien-)Geschichte eingebettet sind. Ihr Leben weist jetzt über sie selbst hinaus: Hinter ihnen die Eltern, die Großeltern – vor ihnen das Kind, das sie überleben wird. Damit verändert sich auch ihr Verhältnis zur Umwelt. Deren Beschaffenheit (und Gefährdung) kann ihnen nicht länger gleichgültig sein (falls sie ihnen je gleichgültig war): Sie sind kraft ihres Elternseins und im Namen ihres Kindes an der Zukunft interessiert.

Zu den stärksten, aufwühlendsten Gefühlen junger Eltern aber gehört das Bewußtsein der lebenslangen Verantwortung für das Kind, des lebenslangen Gebundenseins an das Kind. Das eigene Kind ist ja heutzutage der einzige Mensch, mit dem man mit Gewißheit ein Leben lang innerlich verbunden bleiben wird. Partner kommen und gehen, Freundschaften können zerbrechen, Geschwister, Nachbarn verliert man manchmal aus den Augen. Das Kind aber ist immer gegenwärtig – auch bei räumlicher Trennung.

All dies aber – Positives wie Negatives – will verarbeitet, will ertragen sein. Und das zu einer Zeit, da auch im täglichen Leben über Nacht nichts mehr so abläuft wie vorher – bevor das Kind in die Zweierbeziehung Einzug hielt. Fallstricke überall!

Die augenfälligsten: Die junge Mutter verliert sich allzusehr an ihr Kind und vergißt darüber ihren Partner. Dieser wiederum fühlt sich ausgeschlossen – und empfindet schließlich jegliche Aufmerksamkeit, die die Mutter dem Kind entgegenbringt, als gegen sich selbst gerichtet. Und/oder: Die junge Mutter mißtraut dem jungen Vater insofern, als sie ihm das Kind nur ungern überläßt, weil er in ihren Augen sowieso alles falsch macht. Das wiederum führt einerseits zur Überforderung der Mutter und verstärkt andererseits das ohnehin latent immer vorhandene Gefühl des jungen Vaters, im Grunde überflüssig zu sein. Daß dadurch Paarkonflikte entstehen (können), liegt auf der Hand. Und/oder: Die sexuelle Beziehung zwischen den Partnern ist gestört. Aus unterschiedlichen Gründen. Der die Liebesbeziehung am wenigsten gefährdende Grund: Beide Eltern sind angesichts der neuen Situation physisch und psychisch zu erschöpft, um noch Lust auf Sex zu haben. Es ist ja tatsächlich eine der quälendsten Erfahrungen, sich einem stundenlang schreienden Säugling gegenüberzusehen, ohne die Ursache seiner Unruhe zu kennen und ohne zu wissen, wie man ihm helfen könnte. Problematischer wird es, wenn der eine Lust hat und der andere nicht. Wenn sie zum Beispiel nach Schwangerschaft, Entbindung und Stillzeit nur schwer wieder zurückfindet zu ihrer Sexualität. Oder wenn er, geschockt durch das Erlebnis der Geburt seines Kindes, bei der er dabei war, seine Frau nur zögerlich wieder (auch) als sexuelles Wesen wahrnehmen kann. Und/oder: Sie leidet unter der Isolation. An permanentem Austausch mit den Kolleginnen und Kollegen gewöhnt, sieht sie sich nun häufig den ganzen Tag allein mit dem Säugling. Er wiederum leidet darunter, daß auf diese Weise die Bindung zwischen Mutter und Kind immer inniger wird, während er sich zunehmend mehr ausgeschlossen fühlt. Und/oder: Sie sorgt sich, womöglich den Anschluß an ihren Beruf zu verpassen; ihn bedrückt das erhebliche Mehr an Verantwortung, das er zu tragen hat. Mußte er bis gestern quasi nur für sich selber aufkommen, so hat er nun für drei Menschen zu sorgen.

Als einschneidendste Veränderung nach der Geburt des Kindes wird häufig der plötzliche Verlust an Mobilität, Flexibilität,

Spontaneität empfunden. Was sicherlich damit verbunden ist, daß eben diese drei Dinge gegenwärtig als absolut unverzichtbar gelten, will man im Leben, und speziell im Beruf, überhaupt vorankommen. Junge Eltern aber können nicht von einem Augenblick auf den anderen das Haus verlassen, um sich mit Freunden zu treffen. Sie können nicht spontan eine Dienstreise unternehmen, für einen erkrankten Kollegen einspringen, Überstunden leisten. Ihre Verfügbarkeit auf Abruf – nicht selten geradezu zum Nonplusultra hochstilisiert – hat vorläufig ein Ende. Jetzt sind ganz andere Qualitäten gefragt: sorgfältiges, kluges Vorausdenken und -planen sowie gutes Organisieren zum Beispiel, damit ein Lebenskonzept entsteht, das allen drei Beteiligten gerecht wird.

All dies erhärtet unsere These, daß das Kind weniger zum Ehekitt taugt, sondern sich – im Gegenteil – nur allzuoft als Ehesprengstoff erweist. Einschlägige Untersuchungen (unter anderem von der Psychologin Eva Jaeggi) bekräftigen diese These. Viele Ehen scheitern am Kind – in das das Paar doch so große Hoffnungen gesetzt hatte. Die Liebe bleibt auf der Strecke. Tatsächlich entsteht letztlich nur da eine neue Balance, sprich: eine Atmosphäre, in der Mutter, Vater und Kind sich entwickeln und glücklich leben können (und in der genügend Raum für die Paarbeziehung bleibt), wo beide Partner die ausliegenden Fallstricke kennen und sie geschickt zu umgehen wissen.

Das mag damit beginnen, daß man sich, bevor man daran geht, ein Kind in die Welt zu setzen, allein und auch gemeinsam die Frage stellt: Warum will ich/wollen wir eigentlich ein Kind? Kommt man zu dem Schluß, man „braucht" eins – als Krücke nämlich, die über die mangelnde Liebe, mangelnde Spannung, mangelnde Lebenslust in der Partnerschaft hinweghelfen soll –, so sollte man sich lieber darum bemühen, zunächst der Paarbeziehung zu neuem Leben zu verhelfen. Es ist einfach nicht legitim, einem Kind aufzubürden, als Retter der Ehe seiner Eltern zu fungieren. (Außerdem klappt das sowieso nicht, wie wir aus unzähligen Beispielen wissen.)

Das eben Gesagte schließt übrigens nicht aus, daß eine glückliche Ehe (oder Partnerschaft) mit einem Kind nicht noch glücklicher werden könnte. Tatsächlich ist das sehr oft der Fall. Glückliche Paare fühlen sich zwar durch das Neugeborene keineswegs weniger belastet als unglückliche; ihre Ratlosigkeit angesichts des schreienden Bündels ist nicht minder groß – doch kraft ihrer Liebe werden sie besser damit fertig. Außerdem „wollen" sie nichts von ihrem Kind. Es soll sie weder über die Lieblosigkeit ihres Partners hinwegtrösten, noch Langeweile vertreiben, noch innere Leere füllen. Es ist Ausdruck des Glücks seiner Eltern. Nicht mehr und nicht weniger. Ein Kind, das in einer solchen Atmosphäre aufwächst, ist gut dran. Es wird weder eifersüchtig überwacht, auf daß es nur ja keine allzu enge Allianz mit dem einen oder anderen Elternteil schließe; seine Betreuung muß nicht als Entschuldigung herhalten, wenn er oder sie in Wirklichkeit einfach keine Lust hat, mit dem Partner auszugehen oder zu schlafen; und es braucht auch kein Wunderkind zu sein, das die Erfolglosigkeit der Eltern ausgleicht. Es darf einfach Kind sein; ein Mensch mit eigenen Ideen und Bedürfnissen; ein Mensch, der um seiner selbst willen auf der Welt ist und um seiner selbst willen geliebt wird. Ein freier Mensch – im Gegensatz zu dem, der mit einem elterlichen Auftrag versehen wurde, also gebunden ist. Kinderpsychologen sagen: Kinder spüren den Druck dieser Erwartung – wenn sie auch nicht wissen, worauf sie sich bezieht. Doch selbst wenn sie es wüßten, könnten sie dem Wunsch der Mutter oder des Vaters nicht nachkommen – was wiederum ein diffuses, quälendes Gefühl des Versagens in ihnen erzeugt. Demgegenüber ist ein erfülltes Eigenleben des Paares, eine rundum schöne Partnerschaft der Eltern der ideale psychische Nährboden für Kinder. Psychologen nennen die „Verschrottung der Paarbeziehung" die schlechteste Voraussetzung für die gesunde, glückliche Entwicklung der Kinder und empfehlen jungen Eltern ein gewisses Maß an Egoismus dahingehend, daß sie dafür sorgen sollten, immer wieder einmal als Paar in Erscheinung treten und sich als ein solches erleben zu können – und nicht nur noch als Vater und Mutter. In diesem Sinne gelte es, Phantasie zu entwikkeln. Junge Eltern sollten sich zusammenschließen, um sich abwechselnd gegenseitig zu entlasten. Ein dichtes Netz Betreuungswilliger sei zu knüpfen, das gewährleiste, daß bei Bedarf auch wirklich eine Vertrauensperson zum Kinderhüten zur Verfügung stehe. (Tatsächlich gestaltet sich bei unzureichender Vorarbeit die Suche nach einem Babysitter zuweilen derart frustrierend, daß den jungen Eltern schließlich jede Lust vergeht, gemeinsam auszugehen – und wieder ist eine Chance zugunsten ihrer Liebesbeziehung vertan.)

Auch müsse es darum gehen, das häufig genug ziemlich angeknackste Selbstwertgefühl der jungen Eltern zu stärken.

Tatsächlich treten nach wie vor viele junge Eltern nicht offensiv, nicht fordernd genug an ihre Mitmenschen heran. Was sicher nicht zuletzt mit der gänzlich widersprüchlichen, nicht selten ausgesprochen zynischen Art und Weise zu tun hat, mit der die Öffentlichkeit das Thema Kind behandelt. Einerseits werden die Menschen ermuntert, Kinder zu bekommen. (Manche Politiker hören ja nicht auf, immer wieder den Rückgang der Geburtenrate zu beklagen.) Aber andererseits wird der gesellschaftliche Aspekt des Kinderhabens, des Elternseins gern negiert, das Kind also zur reinen Privatsache, ja zum Hobby seiner Eltern erklärt, um das diese sich zu kümmern haben – und sonst niemand. Unterstützung durch die öffentliche Hand ist mehr als rar. So gelingt es bis heute nicht, die Öffnungszeiten der Krippen und Kindergärten auf die Arbeitszeiten in den Betrieben und Verwaltungen abzustimmen, was junge Eltern häufig genug vor schier unlösbare Probleme stellt. Bis heute wird in vielen Berufssparten die den Müttern oder Vätern gesetzlich zugebilligte Erziehungszeit nicht auf die Berufsjahre angerechnet – wie das zum Beispiel beim Wehrdienst längst gang und gäbe ist. Bis heute werden so gut wie keine kindgerechten Wohnungen gebaut. Der Beispiele gibt es leider noch viel mehr.

Eine interessante Alternative zur üblichen Kleinfamilie sind Wohngemeinschaften von jungen Paaren und Einzelpersonen mit und ohne Kinder, die, gewissermaßen im Windschatten der offiziellen Wohnungsbaupolitik, hier und dort im Lande entstanden sind und weiterhin entstehen. Sehr vereinzelt zwar noch, aber doch den Blick öffnend für neue, alternative Möglichkeiten. Da teilt man sich zu mehreren eine große Wohnung, ein großes Haus oder mietet einige Wohnungen im selben Mietshaus. Zweck ist immer, die starre Form der häufig sehr isoliert lebenden Kleinfamilie (Mutter, Vater, Kind) zu durchbrechen und größere, variable Zusammenschlüsse zu schaffen, die das Kinderaufziehen erleichtern und es interessanter und anregender gestalten sollen. Einfach dadurch, daß – anknüpfend an die alten Großfamilien – mehr Erwachsene und mehr Kinder miteinander vertrauensvoll in Beziehung treten. Derartige Versuche sind, wie gesagt, vorläufig noch Einzelerscheinungen, erwachsen aus Eigeninitiative. Öffentliche Anerkennung, die womöglich in einen veränderten, solche Modelle begünstigenden Wohnungsbau einmünden könnte, ist bislang nicht in Sicht. Ebensowenig wie eine Aussöhnung zwischen Berufsleben und Leben mit Kindern: also flexible Arbeitszeiten und genügend Teilzeitarbeitsplätze (auch in höheren Positionen), eine ausreichende Anzahl Krippen- und Kindergartenplätze, Ganztagsschulen, die es Müttern und Vätern erleichtern würden, Beruf und Familie miteinander in Einklang zu bringen. Zur Zeit geht der Trend eher in die entgegengesetzte Richtung: Eine immer raffinierter durchgestylte Arbeitswelt verschließt sich immer rigider der anderen, der privaten, der kindlichen und gänzlich unberechenbaren Seite des Lebens. Berufstätige Mütter und Väter werden gleichsam zu Grenzgängern zwischen zwei Welten, die so gut wie nichts miteinander zu tun haben.
Das erweitert zwar den Horizont, zehrt aber an den Kräften. Das Fazit: Wer sich ein Kind wünscht, sollte wissen warum. Der allerbeste Grund dafür ist die Liebe – und sonst gar nichts.

6. FALLE

Treue ist selbstverständlich – und Eifersucht gibt es bei uns nicht

Sie hatten den ganzen Tag geprobt. Es war anstrengend gewesen. Aber der Regisseur hatte sie schließlich gelobt. Eine fast euphorische Stimmung war aufgekommen. Schauspieler und Regisseur waren sich einig: Man war gut gerüstet für die Generalprobe am nächsten Vormittag. Sollten sie kommen, die Kritiker, die Freunde! Und jetzt? Nach Hause gehen natürlich, sich endlich ausruhen, sich stärken für morgen. Die Gruppe löste sich auf. Die beiden Hauptdarsteller – eine Frau und ein Mann, die sich erst anläßlich dieser Proben kennengelernt hatten – beschlossen, noch einen kleinen Spaziergang zu machen. Sie mochten sich, ohne daß sie bislang darüber gesprochen hätten. In ihrem intensiven Zusammenspiel der letzten Wochen war deutlich geworden, daß sie viele Dinge sehr ähnlich sahen und empfanden. Nähe war entstanden. Und sie fühlte, daß er sie heute abend bitten würde, die Nacht mit ihm zu verbringen. Sie würde nein sagen. Es kam, wie sie es vorausgeahnt hatte. Ihre Absage machte ihn ziemlich fassungslos. Sie verstand ihn vollkommen. Denn ihre Weigerung widersprach der „Logik" ihrer Beziehung. Doch ihre Erklärung milderte seine Enttäuschung. Er begriff augenblicklich. Sie sagte: „Ich bin so unendlich verliebt in meinen Mann."

Diese kleine Geschichte erhellt, warum verliebte Paare sich häufig gar nicht vorstellen können, einander jemals untreu zu werden. Weder er noch sie verspüren Lust dazu. Es paßt nicht ins Bild. Es erscheint ihnen absurd. Alles Sehnen ist auf die Geliebte, den Geliebten gerichtet. Ihr, ihm gilt das ganze, das uneingeschränkte Verlangen. Und das Glück, das sie einander schenken (wollen), ist allumfassend. In einer solchen Situation stellt sich Treue gewissermaßen ganz von selber ein, wird nicht als Leistung empfunden. Treue – eine Selbstverständlichkeit.

Das Seltsame daran: Selbst Menschen, die ringsum von Untreuen umgeben sind, beharren – verliebt und auf den Partner fixiert – auf dieser These. Mögen die anderen von einem Bett ins andere hüpfen – wir nicht, niemals! Treue – eine Selbstverständlichkeit, wie gesagt. Wer bis hierher denkt und nicht weiter – und im übrigen den Dingen ihren Lauf läßt –, der sitzt auch schon in der Falle. Denn Treue ist alles andere als eine Selbstverständlichkeit – mögen Frischverliebte es zeitweise auch so sehen, und mag diese Behauptung auch nach wie vor lautstark von Podien und Kanzeln verkündet werden. (Die Realität straft die Verkünder ohnehin täglich Lügen.)

Versuchen wir hier, der Treue – und der Untreue – auf die Spur zu kommen. Zunächst: Wie viele von uns wünschen sich einen sexuell ansprechbaren Partner? Wenn wir einschlägigen Umfragen glauben wollen – und in diesem Punkt können wir ihnen wahrscheinlich blind vertrauen: Hundert Prozent der Männer und hundert Prozent der Frauen. Und es geht weiter: Für 96 Prozent der Männer und 84 Prozent der Frauen hierzulande steht das Erotische auf Platz eins in der Liste der Wünsche an die Partnerin/den Partner. Kurz und gut: Sexy soll er/sie sein. Aber bitte – und hier beginnt das Dilemma – nur in den eigenen vier Wänden! Sobald unser stürmischer, zärtlicher, sensibler, phantasievoller Liebhaber das Haus verläßt, soll er züchtig die Augen niederschlagen und sich jedwedem erotischen Reiz verschließen. Das kann er aber nicht. Weil er – zu unserem Glück! – für Sexualität aufgeschlossen und somit stimulierbar ist. Allerdings reagiert er nicht nur auf unsere, sondern auch auf anderer Frauen Reize. (Genauso wie die Frauen, wenn es sich ergibt, vergnügt ihre Blikke in die anderer Männer versenken – und sich die eine oder andere Vorstellung machen.) Aus alldem ergibt sich, daß Treue (auf Dauer) ganz und gar nicht selbstverständlich ist – vielmehr fast ein übermenschliches Ideal, eine Leistung zudem, die nicht einzuklagen ist.

Der amerikanische Psychologe und Ehetherapeut Nathaniel Branden schreibt in seinem Buch „Liebe für ein ganzes Leben“ (Reinbek b. Hamburg 1985): „Wenn wir leidenschaftlich lieben, ist das Verlangen nach Monogamie meiner Ansicht nach völlig normal. Wenn wir leidenschaftlich lieben, erleben wir den Sex ja keineswegs bloß als rein körperlichen Akt, sondern als Mittel, um unserer Liebe wirksam Ausdruck zu verleihen. Es sind nicht nur unsere Körper, die sich im Sex begegnen, sondern unsere Seelen. Gleichzeitig sind wir jedoch immer sexuelle Wesen und hören – Gott sei Dank –, auch wenn wir uns verlieben, nicht auf, sexuelle Wesen zu sein. Unsere Verliebtheit macht uns nicht blind gegenüber der übrigen Menschheit, auch wenn es mitunter so scheinen mag. Wir werden nicht unempfänglich für die Anziehungskraft anderer Menschen. Manchmal erzeugen andere Menschen, die wir attraktiv finden, Begehren in uns. Ob wir diesem Begehren wirklich nachgeben, ist eine ganz andere Frage; daß es jedoch entstehen kann und beinahe mit Sicherheit von Zeit zu Zeit entstehen wird, gehört anscheinend zu den Grundgegebenheiten der menschlichen Psyche.“

Was aber nun keineswegs bedeutet, daß Treue etwa gar nicht möglich wäre. Allerdings bedarf sie bestimmter Voraussetzungen. Aus den vielfältigen Erfahrungen der Partnerschaftstherapeuten wissen wir, daß Treue überall da eine gute Chance hat, wo die Beziehung intakt ist, wo die Partner einander tolerieren und respektieren, wo beglückender Sex gelebt wird, wo der Balanceakt zwischen Nähe und Distanz gelingt, wo die Partner genug Raum für Eigenleben und Entwicklung haben, ohne darüber das Gemeinsame zu vernachlässigen. In einer solchen Atmosphäre baut sich gleichsam ein Immunsystem auf, entstehen Abwehrkräfte, die gegen Seitensprünge wappnen. Das Zusammenleben mit dem Partner ist einfach zu schön, zu erfüllend, als daß man eine Veränderung auch nur wünschen würde. Treue also nicht als Pflicht oder Zwang oder aus Angst vor den Folgen – Treue vielmehr als integraler Bestandteil der Liebe. (In einer solchen Situation kann Treue denn auch manchmal als Selbstverständlichkeit empfunden werden.)

Eine Garantie für Treue gibt es allerdings nicht. Auch nicht bei heißester Liebe. Das ist das Risiko, das jeder Liebende eingeht und dem er nicht entrinnen kann. (Es sei denn, man ließe sich erst gar nicht auf die Liebe ein.) Das aber heißt: Der Liebe ist immer auch eine Spur Vergänglichkeit beigemischt, eine kleine sanfte Traurigkeit auch (oder gerade) in Augenblicken innigster Gemeinschaft und höchster Lust. Aus dieser Gewißheit der Ungewißheit heraus aber kann entstehen, was vielen Menschen das Leben so schwer macht: die Eifersucht. Der Begriff Eifersucht beschreibt zweierlei Leiden, die eigentlich nur bedingt miteinander zu tun haben. Weshalb auch soviel Widersprüchliches zur Eifersucht zu hören und zu lesen ist. Zum einen ist Eifersucht das Leiden daran, daß der Partner sich einem anderen zugewandt hat. Zum anderen leidet an Eifersucht, wer Angst davor hat, der Partner könnte sich einem anderen zuwenden. Im ersten Fall gibt es also einen konkreten Anlaß zur Eifersucht. Im zweiten Fall gibt es nichts dergleichen – nur die Angst.

Das Leiden darunter, daß der Partner eine neue Liebe gefunden hat, ist wahrscheinlich unvermeidlich. Es sei denn, die eigene Liebe zum Partner wäre bereits erloschen. Liebt man ihn aber noch und möchte weiter mit ihm zusammenleben, so entsteht heftiger Schmerz, auch (oder gerade) dann, wenn man versucht, tolerant

zu sein und Verständnis für das Verhalten des Treulosen aufzubringen.
Verlassen zu werden – oder auch nur vorübergehend den Partner mit jemand anderem teilen zu müssen – rangiert denn auch ganz oben auf der Skala menschlicher Leiden. Daß es gar nicht so wenigen Menschen gelingt, trotz allen Schmerzes nach außen hin recht kühl und gelassen zu erscheinen, ist kein Widerspruch. Ihr Kummer und ihre Verunsicherung tief drinnen sind darum nicht geringer.
„Es gibt", schreibt die Eheberaterin Hildegard Baumgart in ihrem Buch „Eifersucht" (Reinbek b. Hamburg 1985), „unter den Gefühlen, die im menschlichen Leben zu erwarten sind, nichts Quälenderes. Denn Trauer ist ‚größer' und moralisch einwandfrei, Angst situationsbezogener und ‚berechtigter', Neid eindeutiger, Haß klar ausgerichtet. An diesem Vergleich mit anderen starken und negativen Gefühlen wird das Hauptcharakteristikum der Eifersucht deutlich: ihre mörderische Ambivalenz, das Hin- und Hergerissensein zwischen Liebe und Haß, die sich – und auch das ist entscheidend – nur auf die allerwichtigsten und allernächsten Personen beziehen. Was diesen letzten Zug angeht, so kann die Eifersucht im Vergleich mit den oben genannten Gefühlen nur der Trauer zur Seite gestellt werden."
Also: Pauschal zu beschließen, „Eifersucht gibt es bei uns nicht", erweist sich nach alldem als realitätsfremd, ja schlicht als nicht menschenmöglich. Der elementare Schmerz, verlassen worden zu sein, läßt sich nun einmal nicht „wegbeschließen". Ganz anders allerdings verhält es sich dort, wo es gewissermaßen um vorweggenommenes Leiden geht, um die Angst davor, der Partner könnte womöglich eines Tages von uns fortgehen. Gegen diese Form der Eifersucht ist durchaus allerlei Kraut gewachsen. Es nimmt uns vielleicht nicht die ganze Angst, kann sie aber mildern.
Was also ist zu tun? Eigentlich gar nichts Besonderes und nichts über das hinaus, was man sich ohnehin vorgenommen hatte: nämlich die Liebesbeziehung ganz bewußt so intensiv zu leben

und so bunt und üppig und offen zu gestalten wie nur irgend möglich. Auch: sich gegenseitig ein Eigenleben zu ermöglichen, dessen Ertrag dann wiederum in die Beziehung eingebracht wird. So entsteht einerseits ein behagliches Nest, in dem das Paar sich allein zu zweit wohlfühlen kann, andererseits ein reger Austausch mit der Außenwelt, der immer wieder für neue Informationen, für Anregung und Aufregung sorgt, und schließlich ein permanenter inniger Kontakt zu Freunden, Kollegen, Verwandten. Auf diesem Boden aber kann sich jenes Immunsystem entwickeln, von dem soeben schon einmal die Rede war. Je besser es den beiden Partnern in ihrer Beziehung geht, je inniger sie einerseits aufeinander bezogen leben, und je vielfältiger andererseits ihre Außenkontakte sind, um so geringer ist die Gefahr, daß einer ausbricht. Warum auch sollte der, der rundum zufrieden und glücklich ist, ausbrechen wollen? In einer solchen Beziehung haben (grundlose) Eifersucht, vorweggenommenes Leiden keinen Platz. Dafür ist man sich einfach viel zu nah; dafür ist auch immer viel zuviel los. Wer sollte da noch Zeit finden, sich mit ungelegten Eiern zu beschäftigen? Es liegt zwar auf der Hand, wird aber gleichwohl nur allzuoft mißachtet: Seine ganze Kraft, seine Klugheit und seine Kreativität in die Liebe, in das Hier und Heute zu investieren, ist noch immer der beste Schutz vor dem Zerfall der Beziehung. Und umgekehrt: Teile der Kraft abzuziehen, in seiner Klugheit, in seiner Kreativität nachzulassen, um statt dessen dem Partner eifersüchtig nachzuspionieren, ihn zu kontrollieren, seine Außenkontakte zu beschneiden – das bedeutet letztlich nicht mehr und nicht weniger, als der Untreue des Partners Vorschub zu leisten. Mit der bitteren Folge, daß nun womöglich die Eifersucht berechtigt ist.

Diese kleine Geschichte mag das verdeutlichen: Er hatte lange Zeit gute Miene zum bösen Spiel gemacht. Da er wußte, wie sehr sie litt, wenn er sich bei einer Einladung längere Zeit mit einer anderen Frau unterhielt, kehrte er immer wieder sehr rasch zu seiner Frau zurück. Doch ihre (vollkommen unbegründete)

Angst verringerte sich dadurch nicht etwa – sie nahm vielmehr zu. Schließlich blieb er, wenn sie ausgingen, ständig an ihrer Seite. Die nächste Einladung nahmen sie schon gar nicht mehr an. Sie ließen es zu, daß sich ihre Außenkontakte (außerhalb des Berufs) quasi auf Null reduzierten.

Doch das beruhigte die Frau nicht. Ganz im Gegenteil. Ihre Angst wuchs weiter. Die Außenwelt mit all ihren Fährnissen schien ihr bedrohlicher, je mehr sie sie mied. Sobald sie abends nach der Arbeit nach Hause kam, begann sie auf ihn zu warten. Sie kochte nicht, telefonierte nicht, spielte nicht Klavier, was sie bis dahin sehr gerne getan hatte – saß einfach auf ihrem Stuhl und wartete. Aus jeder halben Stunde, um die er sich verspätete, entwickelte sich eine Ehetragödie. Er liebte sie, wußte aber nicht, wie er ihr helfen konnte. Sich selber wußte er schließlich zu helfen: Er vertraute sich einer Kollegin an – und landete mit ihr im Bett. Eine Parallelbeziehung nahm ihren Lauf. Als sie davon erfuhr, sagte sie: „Ich wußte ja, daß es so kommen mußte, ich habe es immer gewußt." Er versuchte ihr zu vermitteln, daß es durchaus nicht so hätte kommen müssen. Sie hörte ihm gar nicht zu. Das, wovor sie Angst gehabt hatte, war Realität geworden.

So zugespitzt dieser Fall auch scheinen mag – nach dem Prinzip der „selffulfilling prophecy" (der „sich selbst erfüllenden Prophezeiung") gehen zahllose, voller Hoffnung begonnene Beziehungen zugrunde. Statt auf Plus wird auf Minus gesetzt. Statt aktiv zu lieben, gibt man einer diffusen Angst Raum. Statt sich dieser Angst zu stellen – was ja letztlich nichts anderes hieße, als sich die Mechanismen der Liebe bewußt zu machen, das Risiko zu erkennen und nach Kräften zu verringern –, verharrt man in Passivität. Oder verschwendet seine Energien in sinnlosem Nachschnüffeln, Auskundschaften, Vorwürfemachen. Wodurch eine Atmosphäre erzeugt wird, die den Partner schließlich tatsächlich aus dem Haus treibt.

Dazu noch einmal der amerikanische Psychologe Nathaniel Branden (in seinem Buch „Liebe für ein ganzes Leben"): „Je sicherer wir uns selbst sind, je stabiler unsere Selbstachtung und unser Empfinden ist, von unserem Partner geliebt und begehrt zu werden, desto leichter können wir offenbar das gelegentlich aufflackernde Begehren eines anderen bei unserem Partner akzeptieren. Wir brauchen uns nicht darüber zu freuen, aber wir brauchen es auch nicht zu einer Katastrophe aufbauschen. Sind wir dagegen in uns selbst unsicher und unfähig zu glauben, daß ein anderer Mensch uns jemals wirklich lieben kann, und zweifeln wir an der Liebe unseres Partners und seinem Verlangen nach uns, dann wird jede sexuelle Reaktion unseres Partners gegenüber einem Dritten Angst oder sogar Panik in uns auslösen. Dann leben wir in der ständigen Erwartung, daß das Fallbeil herabsaust.“

Ein Beispiel aktiver, offensiver Liebe mag als positives Gegenmodell zu Angst und Eifersucht gelten: Er hatte sofort bemerkt, daß da noch ein bißchen mehr war als eine ganz besonders erfolgreiche Zusammenarbeit zweier Kollegen. Er sah es an den Blikken, die sie sich zuwarfen, an der Intensität, mit der einer dem anderen zuhörte und auf seine Argumente einging. Sie waren zu fünft: Er selber, seine Freundin, ihr Kollege (von dem sie ihm schon mehrmals begeistert erzählt hatte), dessen Freundin und der Chef der beiden. Der gemeinsame Entwurf seiner Freundin und ihres Kollegen für eine öffentliche Gartenanlage war vom Referat für Stadtentwicklung mit dem ersten Preis ausgezeichnet worden. Man aß, trank, prostete den beiden Gewinnern zu. Seine erste Reaktion auf die Entdeckung, daß es da jemanden gab, der seiner Freundin zumindest nicht gleichgültig war (und der, wie er soeben erfahren hatte, auch das nächste Projekt gemeinsam mit ihr durchziehen würde): Schreck, heißer Schreck, Herzklopfen bis zum Hals, ein Schweißausbruch. Aber er ließ sich nichts anmerken. Er verfolgte statt dessen von diesem Augenblick an eine Strategie, die sich ihm, ohne daß er lange hatte nachdenken müssen, quasi aufgedrängt hatte und die er später immer weiter verfeinerte: Er behandelte seine Freundin und ihren Kollegen mit ausgesuchter Liebenswürdigkeit, machte beiden Komplimente, vor allem ihm, dem Kollegen (und Rivalen?), fragte nach, ließ sich das neue Projekt haargenau erklären, entfaltete all seinen Witz und Charme, entzückte schießlich die ganze Runde. Mit Genugtuung hörte er den Chef seiner Freundin zu ihr sagen: „Was haben Sie da für einen interessanten Mann an Ihrer Seite. Warum haben Sie uns den denn so lange vorenthalten?“ Eins zu null für mich, dachte er. Und fühlte sich gleich ein bißchen weniger unglücklich. Auf dem Nachhauseweg überlegte er hin und her: Soll ich ihr meinen Verdacht mitteilen – oder soll ich nicht? Er entschloß sich zu schweigen – und statt dessen den einmal eingeschlagenen Weg weiterzugehen: Am nächsten Abend stand er vor ihrem Architekturbüro und lud sie zu einem kleinen Ausflug ein. Sie war ein wenig überrascht – hatten sie sich nicht eigentlich vorgenommen, heute endlich seine längst überfällige Steuererklärung vom Tisch zu kriegen? Aber sie ließ sich schließlich gern auf seinen Vorschlag ein, zumal es einer dieser seltenen südlich anmutenden Sommerabende war. Unterm Sternenhimmel machte er ihr eine Liebeserklärung. Sie merkte, wie ergriffen er war – und geriet ihrerseits in eine weiche, zärtliche Stimmung. Immer wieder ließ er sich für die Abende und Wochenenden Neues, Überraschendes einfallen. Sie genoß es, daß er sie so verwöhnte. Zumal ihre neue Arbeit sich als äußerst kompliziert erwies und sie sich nach „Belohnung“ sehnte. „Der schönste Sommer, den wir je hatten“, befand sie, als die ersten Blätter fielen. Sie saßen, schon ein wenig fröstelnd, auf der Terrasse ihres Lieblingslokals. Sie legte ihre Hände auf seine – und sagte: „Weißt du, daß ich mich vor ein paar Monaten ein bißchen in meinen Kollegen verliebt hatte? Ich glaube, der mochte mich auch. Aber es ist nichts draus geworden – du hast mich zu sehr beschäftigt.“ „Ach wirklich?“ sagte er. Sie begriff nicht ganz, warum er plötzlich aufsprang, um sie ungestüm zu umarmen. „Los, komm“, rief er, „ jetzt gehen wir tanzen!“

Warum sollte ein Paar zum Therapeuten gehen?

Interview mit Partnerschaftsberaterin
Dipl. Psych. Brigitte Lämmle

Hier kommt die Diplompsychologin und Partnerschaftstherapeutin Brigitte Lämmle zu Wort, unter deren fachlicher Beratung „Crash-Kurs Liebe" entstand. Die unmittelbaren Erfahrungen aus ihrer Praxis sollen all denen eine Hilfe sein, die mit dem Gedanken spielen, vielleicht einmal die Sachkenntnis einer Fachfrau/eines Fachmannes zur Lösung ihrer Probleme in Anspruch zu nehmen.
Wir wissen es ja: Sich zu verlieben – das kann sich ohne unser Zutun ereignen, einfach so, von einem Augenblick auf den anderen. Eine Liebe „winterfest" zu machen aber bedarf unserer Energie, unserer Klugheit und unserer Phantasie – und, nicht zuletzt, der Kenntnis bestimmter Mechanismen, nach denen Partnerschaften gemeinhin ablaufen. Nichts fällt vom Himmel. Und nicht jedem gelingt es auf Anhieb. Aber vieles ist lernbar. Und wenn man das zu zweit nicht schafft, dann klappt es vielleicht mit professioneller Hilfe.

Ingeborg Weber:
Keine Partnerschaft ohne Probleme. Sie zu meistern, gelingt den einen gut, den anderen weniger gut – und den dritten gar nicht. Welches sind die Symptome, die darauf hindeuten, daß es einem Paar guttäte, die Hilfe eines Partnerschaftstherapeuten in Anspruch zu nehmen?
Brigitte Lämmle:
Wenn das Paar nicht mehr ein noch aus weiß. Sackgasse. Erstarrung. Dahinter steckt in den allermeisten Fällen, daß diesem Paar die drei wichtigsten Dinge, die das Funktionieren einer Part-

nerschaft gewährleisten, abhanden gekommen sind. Vielleicht konnte es diese drei Dinge auch noch nicht erwerben, und die zwei haben sich bislang mehr oder minder erfolgreich durchgewurstelt – jetzt aber geht gar nichts mehr. Die besagten drei Dinge sind: eine gute Konfliktstrategie; flexible Lösungsmöglichkeiten; eine bewußte Gestaltung der Beziehung. Eine gute Konfliktstrategie heißt, die Probleme zu erkennen und sich ihnen zu stellen, also nicht Schwierigkeiten unter den Teppich zu kehren – in der Hoffnung, sie damit aus der Welt schaffen zu können. Das heißt aber auch, *richtig* zu streiten. Und das wiederum bedeutet, einander zuzuhören, auf das Gesagte einzugehen, weder um des Kaisers Bart zu streiten, noch darum, um jeden Preis als Sieger aus der Auseinandersetzung hervorzugehen – und den anderen zu vernichten. Das setzt natürlich voraus, daß man die Andersartigkeit des Partners akzeptiert und daß man Respekt hat vor dessen eigener, anderer Sichtweise. Wichtig bei alledem: sich zu vergegenwärtigen, daß in jeder Partnerschaft Konflikte entstehen, entstehen müssen. Das liegt in der Natur der Sache, hat also mit der Partnerschaftsfähigkeit oder -unfähigkeit nichts zu tun. Schließlich handelt es sich bei einem Paar um zwei verschiedene Wesen mit unterschiedlichen, sich manchmal geradezu gegenseitig ausschließenden Bedürfnissen. Also: Nicht das Problem ist das Problem – sondern wie wir mit dem Problem umgehen. Paare in der Sackgasse können nicht mehr konstruktiv und sachbezogen streiten – oder konnten es noch nie. Sie können nur kämpfen. Bis zum vermeintlichen Sieg des einen und zur Niederlage des anderen. Diese zerstörerischen Auseinandersetzungen zwischen den Partnern, oft aber auch deren Scheu vor irgendeiner Auseinandersetzung überhaupt, haben im Lauf der Zeit eine massive, schier unüberwindliche Mauer entstehen lassen. Er und sie sind dabei, die Hoffnung zu verlieren, je wieder zueinanderzufinden; sie sehen keinerlei Lösungsmöglichkeiten mehr. Auf die aber kommt es an. Womit wir bei Punkt zwei sind: flexible Lösungsmöglichkeiten. Damit möchte ich sagen: Je mehr Möglichkeiten ein Paar zur Lösung eines bestimmten Problems erarbeitet, um so besser. Die Wahl zu haben, sich anläßlich eines Konfliktes so oder so verhalten zu können, erlöst aus Zwang und Erstarrung, schafft Bewegungsfreiheit, eröffnet immer neue Auswege. Ein Paar in der Sackgasse hingegen erkennt keinerlei Schlupflöcher mehr. Es bewegt sich ständig im Kreis, ist gefangen.

Kommen wir zu Defizit Nummer drei: Statt daß von beiden die Partnerschaft bewußt gestaltet wird, hat sich der eine – oder haben sich alle beide – auf die faule Haut gelegt und erwartet nun vom anderen, daß er ihn glücklich macht. Das funktioniert aber nicht. Ein solches Verhalten führt vielmehr dazu, daß die Beziehung außer Balance gerät oder aber überhaupt jegliche Beweglichkeit, jegliches Leben einbüßt. Zu diesem Zeitpunkt beginnen Paare daran zu denken, einen Partnerschaftstherapeuten aufzusuchen. Sie kommen übrigens meist aus freien Stücken. Der Hinweis durch einen Arzt oder durch gute Freunde kann manchmal der letzte Kick sein, der das Paar dann tatsächlich aktiv werden läßt. Aber in der Regel wissen die Menschen selber, wann es Zeit ist, die Hilfe eines Fachmanns oder einer Fachfrau zu nutzen. Sie sind es ja, die leiden, die es nicht länger ertragen wollen, weil es ihnen zu weh tut, mitzuerleben, ja selber daran mitzuwirken, wie ihre Beziehung immer glanzloser und schließlich zum Scherbenhaufen wird.

Auf das hier vorliegende Buch bezogen heißt das: Die Paare kommen natürlich niemals in der Faszinationsphase und auch so gut wie nie in der Umerziehungsphase. Da trennt man sich eher – es hat eben nicht geklappt. Die meisten Paare kommen in einem schon etwas fortgeschrittenen Stadium der Akzeptanzphase, wenn trotz besten Willens die Dinge schieflaufen. Oder wenn Entwicklungen eintreten, auf die man nicht vorbereitet war und die nun für Schwierigkeiten sorgen.

Ingeborg Weber:

Was geschieht in einer Partnerschaftstherapie? Welche Erwartungen sind realistisch – welche sind unrealistisch?

Brigitte Lämmle:
Salopp gesagt: Der Partnerschaftstherapeut ist der Fremdenführer. Der Mensch, der gemeinsam mit dem Paar, das sich in einer Situation festgefahren hat, nach Auswegen sucht, der es aus seiner Erstarrung löst, der wieder Bewegung in die Beziehung bringt. Dieser Fremdenführer begleitet das Paar eine Weile – nach meiner Erfahrung durchschnittlich zehn Gesprächsrunden lang –, dann aber muß es allein weitergehen. Erfreulicherweise klappt das auch meistens. Was sicherlich damit zusammenhängt, daß die Paare, die in eine Therapie kommen, ja ihre Beziehung retten wollen und bereit sind, dafür auch etwas zu investieren. Kreativität zum Beispiel, den Mut, sich auf unbekanntes Terrain zu wagen, die Kraft – wenn nötig –, liebgewonnene Gewohnheiten aufzugeben und Neues auszuprobieren; auch – und das ist das Schwierigste –, sich den Spiegel vorhalten zu lassen, um das Bild, das man von sich hatte, zu ergänzen.
Der Therapeut schaut sich an: Wie setzt sich das Paar auseinander? Welche Verhaltensweisen schränken den Spielraum des Partners ein? Welche Art von Beziehungsarbeit wird geleistet – oder findet sie womöglich gar nicht statt?
Dies herauszufinden ist häufig deshalb nicht ganz einfach, weil die meisten Menschen mit zwei Problempaketen kommen. Mit einem, das sie bereitwillig auspacken – und um das es (vordergründig) in den Gesprächen dann auch meist geht –, und mit einem anderen, das sie hinter ihrem Rücken verborgen halten. In dem zweiten sind die eigentlichen Schwierigkeiten verschnürt, Dinge, die man – falls sie einem überhaupt bewußt sind – manchmal noch nicht einmal sich selber eingestehen, geschweige denn dem Partner oder einem Dritten gegenüber preisgeben kann. Zumindest nicht gleich am Anfang des Gesprächs. Ich möchte das an einem Beispiel deutlich machen:
Das Paar beklagt sich über sein unruhiges Kind, das Nacht für Nacht ins Elternbett geholt werden müsse, damit es überhaupt für einige Stunden zur Ruhe komme. Das aber beinträchtige den

Schlaf der Eltern derart, daß beide vor lauter Übermüdung und Nervosität ihr Tagespensum kaum noch bewältigten. Das Schlimmste daran: ihre wachsende gegenseitige Gereiztheit. Das ist der Inhalt des ersten Pakets. Der Inhalt des zweiten: Das Paar hat erhebliche sexuelle Probleme. Obwohl das Kind mittlerweile eineinhalb Jahre alt ist, hat *sie* noch nicht zu ihrer Sexualität zurückgefunden. *Er* wiederum erlebt seine Frau nach der Geburt des Kindes vor allem als fürsorgliche Mutter. Er respektiert ihre nimmermüde Geduld gegenüber dem Kind – doch erscheint sie ihm als Sexpartnerin nicht mehr attraktiv.

All dies wird aber nicht offen auf den Tisch gelegt. Es muß vielmehr auf indirektem Weg herausgearbeitet werden, damit schließlich auf der Grundlage des ganzen Problems Lösungen entwickelt werden können. Dazu gehört zum Beispiel auch ein bißchen Selbsterfahrung, also die Kenntnis der eigenen Innenwelt, der eigenen Ängste und Schutzmechanismen – nicht zuletzt auch, um die des Partners dann vielleicht besser akzeptieren zu können. Genauso unerläßlich ist eine gewisse Kommunikationsschulung, um sich in Zukunft fruchtbarer streiten zu können. Gänzlich fehl am Platz sind Erwartungen dieser Art: „So, liebe Frau Therapeutin, nun lies mal meinem Mann die Leviten; nun bestätige mir mal, daß meine Frau eine ganz und gar unerträgliche Person ist." Ein Therapeut erteilt keine Zensuren, er entscheidet nicht über Recht oder Unrecht, er weiß keineswegs alles besser. Er versucht herauszufinden, wo die Kraftreserven des Paares liegen und wie sich diese zur Bewältigung der Schwierigkeiten mobilisieren lassen. Ein Therapeut kann Menschen nicht verändern, er kann lediglich ihr Verhalten auf diese oder jene Weise beeinflussen. Wer eine depressive Struktur hat, wird sie auch nach der Therapie noch haben, nur wird er besser damit umgehen können. Die Temperamentvolle, Wortgewaltige, die ihren Partner nie ausreden ließ, wird auch nach der Therapie temperamentvoll und wortgewaltig sein, aber sie wird in der Therapie lernen, auch ihre leisen und ängstlichen Seiten zu zeigen.

Häufig ist es hilfreich, das Paar zu animieren, sich an die erste Zeit ihrer Verliebtheit zu erinnern. Und sich zu vergegenwärtigen, warum man den anderen wollte – diese Frau/diesen Mann und keine/keinen anderen! So kann man sich ein Stück des ersten frühen gegenseitigen Entzückens zurückholen, um es dem Bild, das man heute vom Partner hat, hinzuzufügen.
Natürlich gibt es auch Paare, denen nur noch zu einer Trennung zu raten ist. Hier kann eine Therapie insofern nützlich sein, als sie vielleicht ein faires, freundliches Auseinandergehen ermöglicht. Den meisten Menschen, die sich trennen wollen oder müssen, tut es gut, sich für die schönen Seiten der Beziehung zu bedanken und sich für die dem Partner zugefügten Verletzungen zu entschuldigen. Um so leichter können sie loslassen.
Ingeborg Weber:
Was macht eine glückliche Partnerschaft aus – und kann man lernen, glücklich zu sein?
Brigitte Lämmle:
Eine glückliche Partnerschaft kann überall da gelingen, wo sich zwei selbständige, unabhängige Menschen ineinander verlieben. Zwei Menschen, die mit der ganzen Potenz ihrer Persönlichkeit auf den anderen zugehen können. Diese Autonomie – das Bewußtsein: ich bin allein, ein Einzelwesen, das für sich selbst steht – ist das eigentlich Entscheidende. Diese Autonomie zu erlangen, setzt voraus, daß sich die Frau und der Mann aus ihren Elternhäusern lösen konnten. Solange die emotionale Trennung von Mutter und Vater nicht vollzogen ist, bleibt das erwachsene Kind gleichsam mit einem Seidenband an die Eltern gebunden und kann sich deshalb nicht mit seiner ganzen Kraft dem Partner widmen. Ebenso wichtig ist die geistig-seelische Unabhängigkeit vom Partner – bei aller Verbundenheit. Zwei sollten sich nicht zusammentun, weil sie nicht anders *können*, sondern weil sie es so *wollen*.
Die zweite Voraussetzung für eine glückliche Partnerschaft ist, daß das Paar seine unterschiedlichen Wertigkeiten und Einstel-

lungen miteinander in Einklang bringen kann. Ohne das bleibt das Zusammenleben ein einziger zermürbender Kleinkrieg. Ganz wichtig in diesem Zusammenhang ist auch, daß bestimmte Bereiche für Mann und Frau gleichwertig und gleich wichtig sind. Das gastfreundliche, offene Haus zum Beispiel oder das Engagement für ökologische Fragen. Die Freude daran, sich einen Landstrich zu Fuß zu erschließen, jenseits der üblichen Routen; oder das Vergnügen, im Café zu sitzen und Zeitung zu lesen.

Eine dritte Voraussetzung ist die gegenseitige Förderung, das Erkennen und Anerkennen der guten Eigenschaften, der vorhandenen Fähigkeiten des Partners – und eben nicht dies leider oft zu beobachtende permanente Einklagen von Dingen, Verhaltensweisen, Leistungen, für die die Voraussetzungen fehlen. Verbal oder mit Gesten ausgedrückte Freude und Bewunderung über Leistungen des Partners sind der beste Ansporn für ihn, sich weiterzuentwickeln, sich noch mehr zu bemühen. Mäkelei, Krittelei, dies unablässige Vorhalten vermeintlicher Defizite und Versäumnisse hingegen machen den Partner immer unsicherer, ratloser – und schließlich todtraurig und aggressiv. Er wird kleiner.

Eine glückliche Beziehung hingegen läßt beide Partner wachsen. In einer glücklichen Beziehung können beide Partner quasi im Schlaf eine ganze Anzahl positiver Eigenschaften des Partners aufzählen. In einer glücklichen Beziehung gelingt es den Partnern, sich zumindest einen Teil der Begeisterung Frischverliebter zu erhalten.

Die Partner besitzen das notwendige Instrumentarium (Konfliktstrategien, flexible Lösungsmöglichkeiten), um sich konstruktiv auseinanderzusetzen. Was nicht etwa heißt, daß nicht auch hier gelegentlich die Fetzen fliegen. Aber hier dient der Krach der Bereinigung der Situation, nicht der Vernichtung des anderen. In glücklichen Beziehungen weiß man, daß Liebe liebende Aktion ist und keineswegs vom Himmel fällt. Glückliche Beziehungen sind gestaltete Beziehungen. Das heißt: Man geht bewußt miteinander um, nimmt einander bewußt wahr, man achtet auf den anderen, ist bereit, ihm zu helfen, wenn er Hilfe braucht – kann aber auch hinnehmen, daß er diese Hilfe ablehnt und sein Problem allein oder mit der Unterstützung anderer lösen will. Dies wiederum setzt eine Balance zwischen Nähe und Distanz voraus: genügend Geborgenheit einerseits, genügend Freiraum andererseits.

Vieles davon kann man lernen. Man kann lernen, sachbezogen zu kommunizieren, konstruktiv zu streiten. Man kann sich selber und seine Denkstrukturen und Mechanismen genauer kennenlernen, sich quasi selber auf die Schliche kommen. Man kann Behutsamkeit lernen, seine Aufmerksamkeit für den Partner schärfen. Wer das geschafft hat, ist zweifellos glücklicher dran als der, der nichts davon versteht.

Aber „Liebe" selbst kann man nicht lernen. Dieses Herzklopfen, wenn der oder die Geliebte die Wohnungstür aufschließt, diesen Impuls, vom Eßtisch aufzuspringen, um den anderen zu umarmen. Herzflimmern, Schmetterlinge im Bauch – so etwas spürt man, oder man spürt es nicht. Wenn man es nicht spürt, ist alles vergebliche Liebesmüh. Spürt man es aber, dann kann man eine ganze Menge dafür tun, daß es so bleibt.